# *Kinder*

***Kinder wollen sich bewegen,***
***Kindern macht Bewegung Spaß,***
***weil sie so die Welt erleben,***
***Menschen, Tiere, Blumen, Gras.***

***Kinder wollen laufen, springen,***
***kullern, klettern und sich dreh'n,***
***wollen tanzen, lärmen, singen,***
***mutig mal ganz oben steh'n,***
***ihren Körper so entdecken,***
***und ihm immer mehr vertrau'n,***
***wollen tasten, riechen, schmecken***
***und entdeckend hören, schau'n,***
***fühlen, wach mit allen Sinnen***
***innere Bewegung – Glück.***

***Laßt die Kinder dies gewinnen***
***und erleben Stück für Stück!***

***Karin Schaffner***

# Vorwort

Kinder wollen sich nicht nur gern bewegen, sie brauchen vielfältige und motivierende Bewegungsanreize für eine harmonische und ganzheitliche Entwicklung. Ein kindgerechter und bewegungsintensiver Alltag kann Defizite im motorischen, psychischen und sozialen Bereich ausgleichen.

*Bewegung beeinflusst die geistige Entwicklung.* Sie vermittelt Wissen über die spezifischen Eigenschaften und Gesetzmäßigkeiten von Gegenständen und Materialien. Sie fördert das Denkvermögen und das praktische Tun und beeinflusst positiv die Sprachentwicklung.

*Bewegung beeinflusst das soziale Lernen* wie Rücksichtnahme und Toleranz. Sie fördert soziale Sensibilität, Kooperationsfähigkeit und das Regelverständnis (nicht nur im motorischen Bereich).

*Bewegung beeinflusst die Entwicklung wichtiger Organsysteme.* Das Herz-Kreislaufsystem wird angeregt, Wachstumsreize unterstützt, die Muskulatur trainiert und die Koordination verbessert.

In keiner anderen Lebensphase spielt Bewegung, Spiel und Spaß eine so große Rolle wie in der Kindheit. Deshalb kommt den täglichen „kindgerechten" Bewegungsangeboten und damit auch den Kinderturnstunden eine immer größere Bedeutung zu.

## Zum Aufbau von Kinderturnstunden

Kinderturnstunden müssen so aufgebaut und gegliedert sein, dass eine kindliche Mitgestaltung stattfinden kann. Gefragt ist eine Atmosphäre, in der das praktische Tun auf Vertrauen und Lebensfreude basiert. Die Kinder spielen miteinander und nicht gegeneinander. Die Bewegungsaufgaben müssen so gestellt werden, dass die Kinder entdecken, erfahren, erproben und ihre eigene Kreativität entfalten können.

## Für wen ist dieses Buch geschrieben?

Dieses Buch wendet sich an alle, die im Kindergarten, in der Grundschule oder im Verein kindgerechte Turnstunden anbieten wollen und nach neuen Anregungen und Ideen suchen.

Die genannten Übungseinheiten wurden mehrfach erprobt und von den Kindern und bei Fortbildungen mit Erwachsenen begeistert aufgenommen.

## Ziele der ausgewählten Stundenbilder

Bei den meisten der hier angebotenen Spiel- und Übungsformen spielen die Sinnes-, Körper- und Raumwahrnehmung eine große Rolle. So können Kinder die Bewegungsmöglichkeiten ihres eigenen Körpers erproben, sie bewusst wahrnehmen und gezielt einsetzen. Sie werden befähigt, spielerisch und kreativ mit Materialien und Themen umzugehen und sich selbst in Beziehung zum anderen und zur Gruppe zu erfahren. Dabei werden langsam, aber stetig ihr Selbstwertgefühl und ihr Gemeinschaftssinn geschult – eine wichtige Voraussetzung dafür, dass sie sich zu glücklichen und gesunden Menschen entwickeln können.

# Inhalt

# Übungseinheiten mit Schwerpunkt auf Körper- und Sinneswahrnehmung

# 1

Bewegen mit „Köpfchen, Köpfchen ...“

Was können die Hände?

Spielen mit meinen und deinen Füßen

Übungen mit unseren Gelenken

Spielendes Kennenlernen von Körperteilen

Zu zweit vielfältige Sinneserfahrungen machen

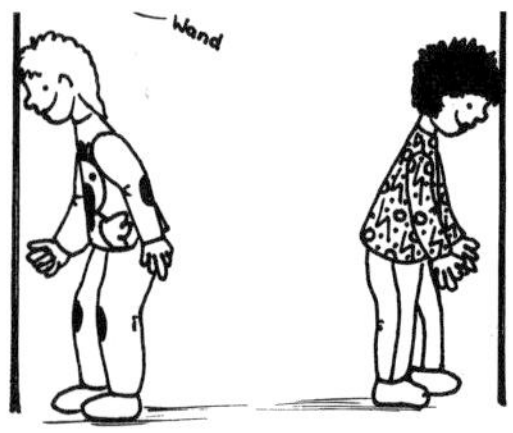


Abb. 1

Abb. 2

Abb. 3

# Bewegen mit „Köpfchen, Köpfchen ..."

## Einleitung

- Zur Musik gehen, laufen, hüpfen, mit Musikende werden die Köpfe von aufgerufenen Materialien „magnetisch" angezogen, z. B.: Holz, Glas, Metall, Kunststoff, oder Gegenstände aus dem Raum werden aufgerufen, z. B.: Wand, Tür, Langbänke *(Abb. 1)*. Mehrmals wiederholen.

## Hauptteil

An einem Hallenende liegen verschiedene Kleingeräte und Materialien (Säckchen, Tücher, Bierdeckel, Tennisringe).

- Könnt Ihr die Gegenstände von einem Hallenende zum anderen auf eurem Kopf balancieren *(Abb. 2)*?
- Könnt ihr mit dem Luftballon Kopfball spielen *(Abb. 3)*?
- Anschließend im Kreis sitzen: Wie sieht unser Kopf aus? (Rund, hat Haare, Augen, Nase, Ohren, Mund, Kinn).

Abb. 4

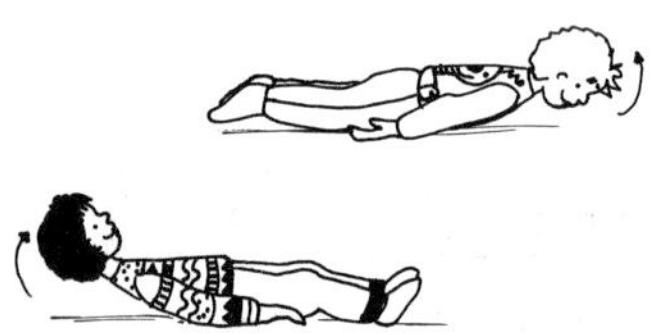

Abb. 5

- Wie können wir ihn bewegen? (Vor- und Rücksenken, Neigen zu den Seiten). Alles ausprobieren.
- *Der Kopf ist schwer*. Babys können ihn anfangs nicht hochhalten. Könnt ihr euren Kopf im Liegen (Bauchlage/Rückenlage) heben, hochhalten und dann langsam senken *(Abb. 4)*?
- Könnt ihr mit der Nase ein Gesicht in die Luft malen (Punkt, Punkt, Komma, Strich ...)?
- *Kopfstehen*. Schaut euch die Welt verkehrt herum an: Kopf auf den Boden stellen und durch die gegrätschten Beine rücksehen *(Abb. 5)*.
- *Kopfhaltung und Mimik drücken Gefühle aus*. Der Kopf hängt traurig hinunter, die Nase wird stolz hochgetragen, der Kopf wird zweifelnd gewiegt, neugierig vorgestreckt oder empört geschüttelt.
- Der Kopf nickt bejahend oder wird verschämt in Arm oder im Schoß versteckt. Alles pantomimisch darstellen *(Abb. 6)*.
- *Fliegenspiel*. Der Zeigefinger symbolisiert eine Fliege. Sie fliegt vor unserem Gesicht herum, fliegt hoch, tief, seitwärts und unser Kopf bewegt sich entsprechend, denn wir schauen der Fliege nach *(Abb. 7)*.

*Partnerübungen*

- *Untersuchen des Partnerkopfes*. Das untersuchte Kind sitzt oder liegt völlig entspannt. Den Kopf vorsichtig heben, drehen, wiegen, abtasten usw. Wechseln.
- *Spiegelspiel:* Ein Fratzenschneider schaut in den „Spiegel" (das andere Kind) und das „Spiegelbild" macht alles mit. Langsam!
- *Siamesische Zwillinge:* Die Partner/innen sind am Kopf zusammengewachsen und bewegen sich entsprechend

Abb. 6

Abb. 7

Abb. 8

Abb. 9

vor-, rück- oder seitwärts, setzen oder legen sich. Vorher klären, wer wem folgt *(Abb. 8)*.

- *Magnetspiel:* Die Paare gehen getrennt herum, und auf ein Signal werden die Partnerköpfe magnetisch angezogen.
- *Luftballontanz:* Luftballon zwischen die Stirnen klemmen und zur Musik tanzen, ohne ihn zu verlieren.
- *Hutspiel:* Verschiedene Hüte mitbringen, aufsetzen und den dazu passenden Gang probieren. Mit Musikende „Huttausch" und mit dem neuen Hut auch den anderen Gang übernehmen.
- *Polizeihut:* Strammer Gang, Hut mit Blumen und Bändern: Tanzen, Schlapphut: Schlurfen *(Abb. 9)* usw.

## Schlussteil

Lied: Mein Kopf ... Aus „Die Welt ist schön 2" von Karin Schaffner, Pohl-Verlag.

1. Mein Kopf, mein Kopf, mein Kopf,
   der ist ein kluges Ding,
   und wenn´s mir so wie heute ist,
   ein freches Lied ich sing.
2. Mein Kopf, mein Kopf, mein Kopf,
   schaut her auf meinen Kopf,
   wenn einer seinen Kopf verliert,
   ist er ein armer Tropf.
3. Mein Kopf, mein Kopf, mein Kopf,
   hat ein Gesicht, seht an,
   mit Augen, Mund und Nase und
   zwei Ohren seitlich dran.
4. Mein Kopf, mein Kopf, mein Kopf,
   kann nicken „Ja mein Schatz",
   macht „Neinneinnein" und manchmal
   mach ich andern eine Fratz! Bäh!!!

- Vers 1 und 2 zu Paaren kreuz und quer gehen oder hüpfen. Vers 3: Stand gegenüber und auf die genannten Teile

Abb. 10

Abb. 11

Abb. 12

zeigen. Vers 4: Kopfnicken, dann – schütteln, zuletzt Fratze schneiden *(Abb. 10)*.

# Was können die Hände?

## Einleitung

- Gehen, laufen, hüpfen zur Musik, mit Musikende aufgerufene Materialien mit den Händen berühren und befühlen, z. B.: Holz, Stoff, Metall, Gummi usw. Mehrmals wiederholen.
- Anschließend im Kreis sitzen, Handfassung mit dem Nachbarkind und fühlen, wie warm/kalt die Hände sind, wärmer als Holz, Stoff, Metall usw. *(Abb. 11 und 12)*?

## Hauptteil

*Was können die Hände*? Jedes Kind sagt ein Beispiel, das von allen pantomimisch dargestellt wird:

Fühlen, tasten, streichen, streicheln, berühren, massieren, fassen, zeigen, formen, kneten, malen, schreiben, musizieren, winken, schnalzen, klatschen, klopfen, drücken, ziehen, reiben, tragen, drohen, stoßen, hauen, zwicken, kratzen, spielen.

Zu einigen Beispielen Spiele einschieben, z. B.:

- *Fassen*. Die Hände fassen andere Körperteile: Sie fassen den Kopf, den Rücken, den Bauch, den Fuß, das Knie usw. (Nur die Hände können alle anderen Körperteile „besuchen“ *(Abb. 13)*.
- *Malen*. Erst auf den Boden, dann in die Luft, erst rechts, dann links: Punkt, Punkt, Komma, Strich, fertig ist das Mondgesicht und zwei Ohren noch daran, Haare braucht er auch, der Mann *(Abb. 14)*.
- Nun versuchen wir es beidhändig: Punkt (r.H.), Punkt l.H.), Komma (r.H.), Strich (l.H.) fertig ist das Mondgesicht (beide Hände gleichzeitig oben beginnend) und zwei Ohren (r.H. malt ein Ohr) noch daran (l.H. malt ein Ohr), Haare braucht er auch, der Mann (beide Hände gleichzeitig).
- *Streicheln*. (… einer imaginären Katze):
Köpfchen (Kopfform nachfahren), Buckel (Katzenbuckel nachfahren), Schwänzchen (Bewegung übers Schwänzchen auslaufen lassen).

Abb. 13

Abb. 14

Abb. 15

Abb. 16

Abb. 17

Abb. 18

Langsam sprechen und mehrmals wiederholen. Handwechsel vornehmen.

Welche Tiere können wir noch streicheln (Giraffe, Maus, Elefant)?

- *Musizieren*. Die Flöte, die flötet (mit den Händen imitieren), die Geige, die geigt (imaginären Geigenbogen über Geige streichen), das Klavier macht lilalum (Klavierspielen), und die Trommel bumbum (Patschen).
- *Fühlen.* Wir machen eine Fühlwanderung durchs Zimmer: Wer findet den wärmsten/kältesten Gegenstand (oder hart/weich, groß/klein *(Abb. 15)*? Bei Uneinigkeit Vergleiche anstellen.
- *Streicheln*. Partnerübung: A-Kind sagt B-Kind, wo es gestreichelt werden möchte, z. B.: an Bauch, Rücken, Kopf *(Abb. 16)*.
- Wie vor, aber das gestreichelte Kind schließt die Augen.
- *Klatschen, Patschen*. Partnerübung, zwei Kinder stehen sich gegenüber: Ich (Patsch auf die Oberschenkel) und (Klatsch in die eigenen Hände) du (Klatsch in Partnerhände, zwei Takte!), Müllers Kuh (Klatschen wie oben), Müllers Esel (am Ort drehen), das bist du (Klatschen wie oben).

Abb. 19

- *Tasten*. Mit geschlossenen Augen langsam herumgehen, andere Kinder ertasten, erraten oder an der Wand entlang tasten zu vereinbartem Platz *(Abb. 17)*.

### Schlußteil

- *Drücken*. Die Kinder sitzen im Kreis und fassen sich an den Händen *(Abb. 11)*: Ein Händedruck wandert im Kreis herum. Wenn er wieder am Ausgangspunkt angekommen ist, meldet es das erste Kind. Wer will noch einen Händedruck auf Wanderschaft schicken?

Zuletzt drücken wir uns alle gleichzeitig die Hand: Auf Wiedersehen!!!

## Spielen mit meinen und deinen Füßen

### Einleitung

- Einzeln zur Musik gehen, laufen, hüpfen; mit Musikende andere Kinder mit den Füßen begrüßen, z. B. mit den Zehen zuwinken, anstupsen, streicheln, Fußsohlen zusammenklatschen, aneinander reiben usw. (Abb. 18).
- Mehrmals spielen und immer neue Varianten ausdenken.

### Hauptteil

- Zu Paaren zusammensetzen und die Partnerfüße untersuchen, z. B. Zehen zählen, Sohlenlinien entlangstreichen, Beweglichkeit der Zehen testen, Füße durch Reiben wärmen usw.
- *Kitzelspiel*. Auf begrenztem Raum umherkrabbeln. Versuchen, andere Kinder an den Füßen kurz festzuhalten und zu kitzeln, aber selbst nicht gekitzelt zu werden *(Abb. 19)*.

Abb. 20

Abb. 21

Abb. 22

● *Fußetreten*. Zwei Kinder versuchen, sich gegenseitig auf die Füße zu treten, aber selbst nicht getreten zu werden *(Abb. 20)*. Zuletzt vertragen sich die Füße wieder und streicheln sich.

● *Fußklebespiel*. Zu Paaren zur Musik gehen, laufen, hüpfen; mit Musikende kleben die Partnersohlen (beide!) zusammen. Mehrfach wiederholen und immer neue Positionen ausdenken *(Abb. 21)*.

● *Spiel mit Materialien* (Säckchen, Kugel, kleiner Ball, Tuch). Alle Paare haben von den Materialien je einen Teil. Partnerübungen ausdenken, z. B. im Stand oder Sitz Tuch mit den Füßen übergeben, knüllen und zuwerfen; gemeinsam an den Ecken fassen und hochheben; Säckchen auf das Tuch legen und gemeinsam im Tuch schaukeln; Ball oder Kugel zurollen *(Abb. 22)*.

## Schlußteil

● *Fußpantomime*. Ein Betttuch hängt so, dass die dahinter spielenden Kinder bis zu den Waden sichtbar sind. Thema: Zwei Fußpaare begegnen sich und erleben etwas zusammen, z. B. streiten und vertragen, flirten, tanzen *(Abb. 23)*.

# Übungen mit unseren Gelenken

## Einleitung

● Zur Musik gehen, laufen, hüpfen, vor-, rück- oder seitwärts, mit Musikende „Zappeln“ (mit den Gliedmaßen schlenkern), mit Musikende mit den aufgerufenen Gliedmaßen „zappeln“ (Finger, Hände, Arme, Zehen, Füße, Beine). Mehrmals durchführen in wechselnder Reihenfolge.

● Dann nochmals „Zappeln“ mit allen Gliedmaßen.

● Gespräch: Warum können wir denn mit den Gliedmaßen „zappeln“? An welchen Stellen lassen sich die Gliedmaßen bewegen? Wie heißen diese Stellen? – Ja – Gelenke. Alle Gelenke ausprobieren: Fingergelenke (wieviel Gelenke hat ein Finger?), Hand-, Arm-, Schultergelenke, Zehen-, Fuß-, Bein- und Hüftgelenke (Gelenke benennen: Ellenbogengelenk usw.). Alles ausgiebig probieren lassen: Manche Gelenke können wir nur anwinkeln, manche auch drehen oder kreisen *(Abb. 24)*.

Abb. 23

Abb. 24

Abb. 25

Abb. 26

Abb. 27

Abb. 28

● Zum Abschluß nochmals zur Musik gehen, laufen, hüpfen, mit Musikende aufgerufene Gelenke ununterbrochen bewegen (nicht mehr als zwei Gelenke gleichzeitig aufrufen).

## Hauptteil

● Wir probieren in den verschiedensten Ausgangsstellungen unsere Gelenke aus. Wer weiß eine Übung? Alle ahmen nach.

● *In der Bauchlage*. Wie eine Schlange vorwärtskriechen (hauptsächlich Schulter- und Ellenbogengelenke).

Mit den Unterschenkeln „zappeln" (Kniegelenke, *Abb. 25*). Brücke bauen, die dann „einkracht" (welche Gelenke?). Bauchkarussell fahren.

● *In der Rückenlage.* Mit Armen und Beinen „zappeln" *(Abb. 26)*, Beine heben und senken, unter dem gehobenen Po in die Hände klatschen usw. (Gelenke erwähnen oder erwähnen lassen.)

Abb. 29

Abb. 30

● *Im Sitz*. „Autorennen" (auf dem Po vorwärtsrutschen) – Sitzkarussell – „Schaukeln" (mit Schwung auf den Rücken rollen und wieder setzen) – mit Zehen oder Fingern „zappeln" – über dem Kopf oder unter den Beinen in die Hände klatschen *(Abb. 27)* usw.

● *In der Bankstellung*. Vorwärtskrabbeln – „Hand/Fuß" – Begrüßung (abwechselnd mit linkem Fuß auf linke Hand tippen und gegengleich) – mit dem Po auf die Fersen tippen *(Abb. 28)* usw.

● *Im Stand*. „Windmühle" (Armkreisen) – am Ort laufen – großen Zeh vorhoch anwinkeln – Hampelmann – Arme und Beine anwinkeln – Stehkarussell – „Hinfallen" usw. *(Abb. 29)* usw.

*Variationen*

*Gespräch:* Es gibt Menschen mit kranken oder kaputten Gelenken. Diese Menschen haben es sehr schwer. Versucht folgende Aufgaben zu lösen:

● Spazierengehen „ohne" Kniegelenke – aus der Rückenlage „ohne" Hand- und Ellenbogengelenke aufstehen – könnt ihr das auch „ohne" Kniegelenke – tragt Gegenstände „ohne" Fingergelenke – könnt ihr „ohne" Ellenbogengelenke essen? – hebt Gegenstände „ohne" Kniegelenke auf – könnt ihr Gegenstände „ohne" Hüftgelenke aufheben *(Abb. 30)*.

● *Eckig – rund*. Mit manchen Gelenken könnt ihr nur eckige Bewegungen machen: Finger-, Zehen-, Ellenbogen- und Kniegelenke. Alles ausprobieren. Dazu ein Spiel: Zur Musik gehen, laufen, hüpfen, mit Musikende in einer eckigen Be-

Abb. 31

Abb. 32

Abb. 33

wegung „erstarren“ (z. B. mit angewinkelten Ellenbogen usw.), oder mit Musikende am Ort ununterbrochen eckige Bewegungen machen *(Abb. 31)*.

- Mit manchen Gelenken könnt ihr auch runde Bewegungen machen: Schulter-, Hüft-, Hand- und Fußgelenke. Kreisen und Drehen ausprobieren. Spiel: Mit Musikende ununterbrochen am Ort eine runde Bewegung machen *(Abb. 32)*.

- *Begriffe-Spiel:* Die aufgerufenen Begriffe turnen und dann die gebrauchten Gelenke benennen. Tiere: Hund – Frosch – Elefant – Pferd – Schlange – Krebs – usw. *(Abb. 33)*. Weitere Möglichkeiten: Hampelmann - Winken - Schlafengehen – Wandern – Schreibmaschineschreiben – Schneeball formen – Schwimmen – Rudern – Holzhacken.

- *Partnerspiel:* Roboter. Roboter machen eckige Bewegungen und evtl. auch Geräusche. Erst einzeln üben *(Abb. 34)*.

- Roboter brauchen einen Mensch, der sie einschaltet, ausschaltet, lenkt. Der Ein- und Ausschaltknopf ist der Bauchnabel des Roboter-Kindes.

Ausprobieren als Partnerübung: Mensch-Kind schaltet seinen Roboter ein und der läuft geradeaus bis vor ein Hindernis und dort am Ort solange weiter, bis er „abgeschaltet“ wird. Wenn das klappt, wird die Schwierigkeit gesteigert: Das Roboter-Kind wird „gelenkt“: Antippen der rechten Schulter heißt „nach rechts wenden“ und geradeaus weitergehen, antippen der linken Schulter heißt „nach links wenden“ ... Aufgepaßt, daß die Roboter nicht zusammenstoßen.

### Schlussteil

- *„Bildhauer“*. A-Kind liegt als „formbares Material“ entspannt in Rückenlage, B-Kind probiert vorsichtig alle Gelenke und Bewegungsmöglichkeiten bei A-Kind aus. Anschließend „formt“ es ein „Kunstwerk“. A-Kind läßt sich willig formen *(Abb. 35)*. Zeit lassen – das Spiel erfordert Einfühlung und Kreativität. Zuletzt schauen die Bildhauer sich in der „Galerie“ um und bewundern die anderen „Objekte“. Wechseln.

## Spielendes Kennenlernen von Körperteilen

### Einleitung

„Kennt ihr schon die verschiedenen Körperteile?“

- Zur Musik gehen, laufen, hüpfen und dabei den aufgerufenen Körperteil berühren oder halten: Ohren, Bauch, Rücken, Nase, Knie, Ellenbogen, Po, Zehen usw.

- Wie vor, aber Augen schließen, Hände davorhalten und sehr langsam vorwärts gehen. Die Füße erfühlen den Weg. Mehrmals hintereinander, da erfahrungsgemäß anfangs durch die Finger „gespitzt“ wird.

- Mit Musikende: Schneidersitz.

Abb. 34

Abb. 35

Abb. 36

Abb. 37

## Hauptteil

Übungsaufgaben unter Betonung der verschiedenen Körperteile.

- *Karussellfahren*. Auf dem Bauch. Auf welchem Körperteil könnt ihr noch Karussell fahren? (Rücken, Po, Füßen, Händen und Füßen usw., *Abb. 36*.) Auch ungewöhnliche Lösungen gelten lassen.

- *Spiel „Bodenberührung“*. Auf Handklatsch und Zuruf sofort Position einnehmen, in der nur noch die aufgerufenen Körperteile Bodenberührungen haben, z. B. „Kopf und Füße“, „Ellenbogen und Knie“, „Füße“ usw.

- Welche Möglichkeiten der Fortbewegung gibt es, wenn die Zeigefinger immer Bodenberührung haben sollen? Z. B. Rückenlage, Bauchlage, Bankstellung usw. *(Abb. 37)*. Statt Zeigefinger andere Körperteile vorschlagen lassen, z. B. Ellenbogen, Schultern, Kopf.

- *Spiel „Der Brückeneinschmeißer geht um“*. Alle Kinder stehen auf Händen und Füßen als „Brücken“. Die Leiterin oder ein Kind bis zwei Kinder versuchen, die Brücken einzuschmeißen *(Abb. 38)*.

- Wie vor, aber eingeschmissene Brücken werden zu Brückeneinschmeißern oder eingeschmissene Brücken bauen sich sofort wieder auf.

- *Kreisspiel*. Macht einen Handkreis (Hände fassen durch). Könnt ihr auch einen Kopfkreis machen (*Abb. 39*, verschiedene Lösungen ausprobieren)? Mit welchen Körperteilen könnt ihr noch einen Kreis machen (Füßen, Ellenbogen usw.)?

## Schlussteil

- *Klebespiel*. Zu Paaren zur Musik gehen, laufen, hüpfen. Mit Musikende „kleben“ die aufgerufenen Körperteile zusammen. Originelle Ausgangsstellungen können dabei eingenommen werden, z. B. bei „Füße“: Ein Kind Bankstellung, das andere Stand auf den Fußsohlen des Partners *(Abb. 40)*.

Abb. 38

Abb. 39

Abb. 40

Abb. 41

Abb. 42

Abb. 43

# Zu zweit vielfältige Sinneserfahrungen machen

## Einleitung

Die Turnhalle ist in zwei Hälften geteilt. In der einen Hälfte sind die Stationen aufgebaut (eventuell Matten oder Reifen) und in der anderen Hälfte finden Einleitung und Schlussteil statt.

- Zur Musik gehen, laufen oder hüpfen, vor-, rück- oder seitwärts. Mit Musikende in der Bewegung erstarren. Betrachtet euren Platz im Raum und eure Figur.

- Dasselbe, aber am Ort ununterbrochen weiterbewegen.

- Spiel „Zeitlupe“: Alle bewegen sich am Ort ununterbrochen in Zeitlupe zur Musik und nehmen dabei die verschiedensten Ausgangsstellungen ein. Mit Musikende in der Bewegung erstarren und die seltsamen Figuren im Raum betrachten. Mehrmals wiederholen.

Abb. 44

## Hauptteil

- Zu zweit auf „Sinnes-Entdeckungsreise“ gehen. Die Stationen sind so anzuordnen und aufzubauen, dass ungestört von anderen Paaren dort geübt werden kann. Es werden sechs bis zehn Stationen angeboten.

*Stationen:*

- *Sehen 1.* Vergrösserungslupe. Betrachtet euch gegenseitig durch die Lupe, z. B. eure Augen, Handlinien oder Haarspitzen und erzählt auch, was ihr seht.
- *Sehen 2.* Schaut in ein Prismaglas oder Kaleidoskop und teilt euch eure Entdeckungen mit *(Abb. 41).*
- *Hören 1.* Hörrohr, ca. 1,2 cm lang aus Pappe. Horcht abwechselnd durch das Hörrohr auf die Geräusche, die euer/eure Partner/in am anderen Ende erzeugt (schmatzen, räuspern, kratzen, tupfen. Nur leise Geräusche machen) (Abb. 42).
- *Hören 2.* Zwei Hölzer, zwei Steine, zwei leere Schneckenhäuser, zwei Kokosnusshälften. Untersucht den Klang der zueinander gehörenden Teile durch Aneinanderklopfen, -reiben usw. Versucht anschließend, mit geschlossenen Augen die Teile zu erkennen, die eure/euer Partner/in hinter eurem Rücken „spielt“ *(Abb. 43).*
- *Riechen 1.* Sechs Riechfläschchen mit verschiedenen Gewürzen. Laß dir bei geschlossenen Augen ein Fläschchen nach dem anderen zum Riechen geben. Was riecht für dich gut, was magst du weniger? Vielleicht kennst du den Duft sogar?
- *Riechen 2.* Duftbeutel, frischer Tannenwedel, Lederbeutel oder -ball. Merkt euch die unterschiedlichen Gerüche und versucht, mit geschlossenen Augen die euch unter die Nase gehaltenen Gegenstände zu erkennen *(Abb. 44).*

Abb. 45

Abb. 46

Abb. 47

● *Tasten 1.* Krabbelsack mit verschiedenen Kleinmaterialien, wie Schneckenhaus, Stein, Hölzchen, Zahnbürste, Bleistift, Murmel, ein Stück Fell. Greift abwechselnd in den Sack, ertastet einen Gegenstand, benennt ihn und holt ihn heraus *(Abb. 45)*.

● *Tasten 2.* Sucht gemeinsam den wärmsten oder kältesten Gegenstand im Raum.

● *Fühlen 1.* Korb mit verschiedenen Materialien wie Feder, Bürste, Schnur, Seidentuch, Stein, Strohhalm. Erst alles gemeinsam betrachten. Lasse dich dann bei geschlossenen Augen mit den Materialien am Unterarm berühren und erkenne sie mit deiner Haut *(Abb. 46)*.

● *Fühlen 2.* Punkt, Strich, Kreis, Sonne, Welle. Lasse dir einfache Formen auf den Rücken malen und erfühle sie mit deiner Haut.

● *Fühlen 3.* Fußfühlstraße aus Frotteehandtuch, Sisalteppichstück, Styroporplatte, Wellpappe, Schmirgelpapier, Fell, Wollschal. Lasse dich mit geschlossenen Augen barfuß über die Fühlstraße führen und beschreibe, was deine Füße fühlen und erkennen *(Abb. 47)*.

● *Orientieren.* Lasse dich mit geschlossenen Augen im Raum herumführen und beschreibe bei gelegentlichen Stopps, wo du dich deiner Meinung nach befindest. Öffne die Augen und schau, wo du bist.

## Schlussteil

Gemeinsames Singen. Alle Sitzen im Schneidersitz, die Hände liegen so auf den Knien, daß die Handflächen nach oben zeigen. Mit geradem Rücken sitzen!

*Text:* Schweige und höre, neige deines Herzens Ohr, suche den Frieden.

(Verfasser/in unbekannt)

# Übungseinheiten ohne Handgeräte

2

Zu zweit miteinander turnen

Lernen und Üben der Turnsprache

Maschinen machen immer dieselben Bewegungen

Die Erde zieht uns wie ein Magnet an und gibt uns Halt

Auf zum Volksfest – eine geturnte Bewegungsgeschichte

Abb. 48

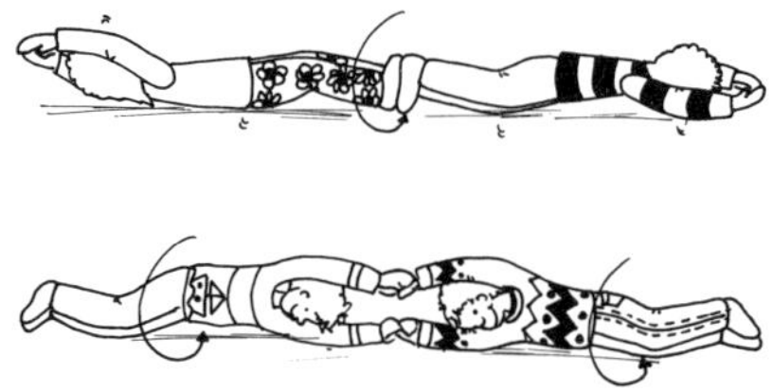

Abb. 49

Abb. 50

# Zu zweit miteinander turnen

## Einleitung

- Zur Musik einzeln gehen, laufen, hüpfen. Mit Musikende umarmen sich zwei Kinder. Mehrmals wiederholen, darauf achten, daß sich viele Kinder einmal umarmt haben.
- Mit Musikende begrüßen sich die aufgerufenen Körperteile durch Antippen, Reiben, Berühren.

## Hauptteil

Zu Paaren zusammengehen.

- *Baumstammrollen*. A-Kind liegt am Boden und wird von B-Kind vorwärts gerollt. Wechseln *(Abb. 48)*. Aufgabe: Könnt ihr euch auch gleichzeitig zusammen vorwärts rollen? Ihr müßt aber in irgendeiner Weise miteinander verbunden sein (zum Beispiel an den Händen gefaßt oder mit den Füßen Kontakt halten). Alle Lösungen werden gezeigt und ausprobiert *(Abb. 49)*.
- *Brückenspiel*. A-Kind baut eine Brücke und führt anschließend sofort Bauchlage aus, B-Kind krabbelt untendurch und hüpft anschließend oben drüber. Mehrmals durchführen, dann wechseln *(Abb. 50)*.
- Pferd und Reiter. A-Kind sitzt im Reitersitz auf dem in Bankstellung befindlichen B-Kind. Das Pferdchen ist ganz lieb und schmeißt den Reiter nicht ab. Erst mit Musikende oder auf Zuruf bäumt sich das Pferdchen auf, und der Reiter fällt runter. Wechseln und mehrmals wiederholen *(Abb. 51)*.
- *Hindernislaufen*. A-Kind und B-Kind hintereinander: Das vordere Kind geht in die Bankstellung, das hintere Kind geht in der Grätschstellung oben drüber. Fließender Wechsel. A-Kind und B-Kind hintereinander: Das vordere Kind steht im Grätschstand, das hintere Kind krabbelt untendurch nach vorn. Fließender Wechsel *(Abb. 52)*.
- *Der Stein muß weg*. A-Kind rollt sich so klein wie möglich zusammen im Sitz oder Liegen. B-Kind versucht den „Stein“ vom Fleck zu bewegen. Wechseln *(Abb. 53)*.
- *Auf den Po schlagen*. Versucht eurem Partner auf den Po zu schlagen, ohne selbst erwischt zu werden.

Abb. 51

Abb. 52

Abb. 53

Abb. 54

Abb. 55

Abb. 56

● *Auf die Füße treten.* Versucht eurem Partner auf die Füße zu treten, ohne selbst erwischt zu werden *(Abb. 54).*

● Jetzt wollen sich die Füße wieder vertragen und streicheln sich. Auch die Popos aneinanderreiben zum Zeichen der „Versöhnung“ *(Abb. 55).*

● *Abschleppdienst.* A-Kind schleppt B-Kind ab. Jedes Paar überlegt sich eine Abschlepp-Möglichkeit, die von allen nachgeahmt wird. Wechseln *(Abb. 56).*

**Führen – Folgen**

● *Spiegelbild.* Im Fersensitz gegenüber, A-Kind schaut in den Spiegel und führt irgendwelche Handlungen/Bewegungen aus, die vom „Spiegelbild“ exakt nachgeahmt werden. Wechseln.

● *Vormacher – Nachmacher.* A-Kind führt in der Fortbewegung selbsterdachte Übungen aus, die von B-Kind nachgeahmt werden. Wechseln.

● *Vertrauensspiel.* A-Kind hat die Augen geschlossen und wird von B-Kind geführt.

Abb. 57

**Rhythmik**

● Fritz, Fratz, Friederich: Fritz (Klatsch auf die Oberschenkel), Fratz (Klatsch in eigene Hände), Friederich (dreimal beidhändig in Partnerhände klatschen), warum (Klatsch auf die Oberschenkel) bist du (Klatsch in eigene Hände) so liederlich (dreimal beidhändig in Partnerhände klatschen)?

● Ich bin doch gar nicht liederlich (mit vier Stapfern im Kreis drehen), ich heiß nur (gegenseitig mit den Finger drohen) Fritz (Klatsch auf Oberschenkel) Fratz (Klatsch in eigene Hände) Friederich (dreimal beidhändig in Partnerhände).

● *Händesuchspiel.* Stand gegenüber, beide Handflächen aneinander. Augen schließen. Beide drehen sich mit geschlossenen Augen gleichzeitig einmal im Kreis und versuchen die Partnerhände wiederzufinden *(Abb. 57).*

## Schlussteil

● *Fußsohlen-Klebespiel.* Zu Paaren zur Musik herumgehen, -laufen, -hüpfen, mit Musikende „kleben“ die Partnerfußsohlen schnell aneinander. Mehrmals wiederholen und immer neue Stellungen ausdenken *(Abb. 58).*

Abb. 58

Abb. 64 Abb. 66

Abb. 59 Abb. 61 Abb. 62 Abb. 60 Abb. 65 Abb. 63

# Lernen und Üben der Turnsprache

## Einleitung

- Zur Musik gehen, laufen, hüpfen, vor-, rück- oder seitwärts. Mit Musikstopp die jeweils aufgerufene Ausgangsstellung einnehmen. Anfangs Hilfen geben und auf die sprachliche Logik hinweisen, z. B. „Fersensitz/Sitz auf den Fersen!“ *(Abb. 59)*.
- Folgende Ausgangsstellungen werden eingeübt: Bauchlage, Rückenlage, Schneidersitz, Grätschsitz (Sitz mit gegrätschten Beinen), Strecksitz (Sitz mit gestreckten Beinen), Hocksitz (Sitz mit angehockten Beinen), Fersensitz (Sitz auf den Fersen), Kniestand (Stand auf den Knien), Bankstellung (der Rücken bildet eine gerade, waagerechte Bank), Hocke, Stand und Grätschstand (Stehen mit gegrätschten Beinen).

## Hauptteil

Die Kinder dürfen sich in den erlernten Ausgangsstellungen Übungen ausdenken und solange ausführen, bis der Tamburinschlag eine neue Übung in derselben Ausgangsstellung „fordert“ oder eine neue Ausgangsstellung aufgerufen wird. Drei Übungen in einer Ausgangsstellung sollten möglich sein, damit die Kinder Zeit haben, sich darauf einzulassen.

- *Bauchlage*. Vorwärts kriechen *(Abb. 60)*, Bauchkarusell fahren. Mit den angewinkelten Beinen zappeln *(Abb. 61)*, Arme heben und halten *(Abb. 62)*.
- *Rückenlage*. Wie eine Raupe fortbewegen *(Abb. 63)*, mit Armen und Beinen zappeln, wie ein Käfer, der auf den Rücken gefallen ist *(Abb. 64)*, Kopf heben und halten *(Abb. 65)*, bei angestellten Beinen das Becken heben und eine Brücke bauen *(Abb. 66)*, seitwärts hin- und herschaukeln.
- *Schneidersitz*. Wie ein Schneider nähen *(Abb. 67)*, die Knie schnell bewegen, abwechselnd einen geraden und einen runden Rücken machen *(Abb. 68)*, hin- und herschaukeln, auf die Oberschenkel und über dem Kopf in die Hände klatschen *(Abb. 69)*.
- *Grätschsitz*. Füße anziehen und strecken *(Abb. 70)*, Hände aufstützen und Becken heben, Brücke bauen *(Abb. 71)*,

Abb. 67 Abb. 69 Abb. 68 Abb. 70 Abb. 71 Abb. 74 Abb. 73

Abb. 72

Abb. 75

Abb. 78

Abb. 76

Abb. 77

Abb. 80

Abb. 79

Abb. 81

Abb. 82

Beine abwechselnd schließen und grätschen, mit den Händen den Füßen „Guten Tag“ sagen *(Abb. 72)*,

- *Strecksitz*. Auf dem Po mit steifen Beinen vorwärtsrutschen, unter einem oder beiden gehobenen Beinen in die Hände klatschen *(Abb. 73)*, mit Schwung in die Rückenlage rollen, dabei Beine und Becken heben und wieder hochkommen *(Abb. 74)*, auf dem Po hin- und herschaukeln – Hände aufstützen und Becken heben.
- *Hocksitz*. Mit den Füßen auf den Boden trommeln *(Abb. 75)*, am Ort drehen, Karussell fahren *(Abb. 76)*, mit den Knien „klatschen“ *(Abb. 77)*, mit den Händen die Zehen festhalten und die Beine gleichzeitig oder abwechselnd strecken *(Abb. 78)*, mit den Armen die Beine umschlingen, auf den Rücken rollen und wieder hochkommen.
- *Fersensitz*. Knie schnell öffnen und schließen *(Abb. 79)*, Kopf vor die Knie auf den Boden legen *(Abb. 80)*, vorwärts hoppeln, abwechselnd geraden und runden Rücken machen.
- *Kniestand*. „Vorwärts gehen“ *(Abb. 81)*, mit den Händen abwechselnd den Füßen „Guten Tag“ sagen *(Abb. 82)*.
- *Bankstellung*. Vor-, rück- oder seitwärts krabbeln, abwechselnd Katzenbuckel und Hohlkreuz ausführen *(Abb. 83)*, abwechselnd die Beine nach hinten hoch oder seithoch strecken *(Abb. 84)*, linken Arm und rechtes Bein gleichzeitig heben und Gleichgewicht halten.
- *Stand*. Schlußsprünge, flottes Gehen am Ort *(Abb. 85)*, auf einem Bein balancieren *(Abb. 86)*, mit ausgebreiteten Armen am Ort drehen, auf Zehenspitzen balancieren, mit den Armen hin- und herschwingen *(Abb. 87)*.
- *Grätschstand*. Das Gewicht von einem Bein auf das andere verlagern *(Abb. 88)*, vorwärts schlurfen, Schneepflug *(Abb. 89)*, linke Hand sagt dem rechten Fuß „Guten Tag“, bei seitgehaltenen Armen die Unterarme wie umgekehrte Scheibenwischer bewegen *(Abb. 90)*, Oberkörper hängen lassen und mit den Armen schaukeln.

## Schlussteil

Wiederholung der Einleitung. Zur Musik gehen, laufen, hüpfen, vor-, rück- oder seitwärts. Mit Musikstopp schnell die jeweils aufgerufene Ausgangsstellung einnehmen. Nun haben sicher die meisten Kinder die Begriffe schon gut im Kopf, deshalb gibt es noch eine Steigerung:

Abb. 83

Abb. 84

Abb. 85

Abb. 86

Abb. 87

Abb. 88

Abb. 89

Abb. 90

Abb. 91

Abb. 92

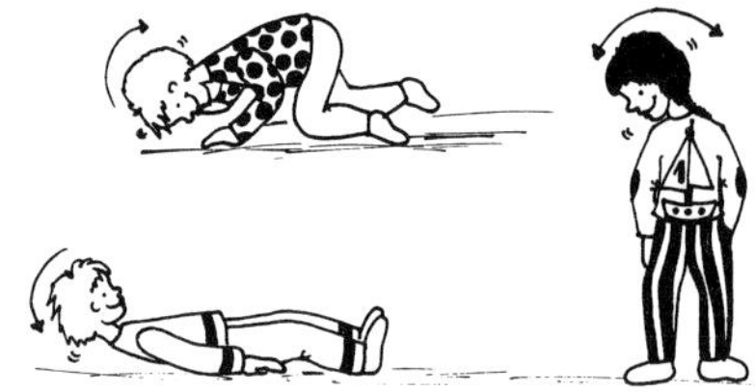

Abb. 93

Reaktionsspiel: Alle stehen in offener Aufstellung. Die Leiterin ruft in schneller Folge – eventuell durch Tamburinschläge oder Klatschen verstärken – verschiedene Ausgangsstellungen auf, die von den Kindern so schnell wie möglich eingenommen werden müssen.

# Maschinen machen immer dieselben Bewegungen

## Einleitung

Die Kinder sitzen im Kreis oder im Halbkreis. Wir wollen uns heute wie Maschinen bewegen und zuletzt eine Maschine aus unseren Körpern bauen.

Wer weiß, was eine Maschine ist und was sie braucht, um sich zu bewegen? Eine Maschine ist ein Hilfsgerät, das für die Menschen arbeitet und immer dieselbe Bewegung macht. Sie kann an- und ausgeschaltet werden, braucht Strom, eine Batterie oder ähnliche Antriebsenergien.

Wer weiß, wo es Maschinen gibt und wie sie heißen? Im Haushalt. Mixer, Kaffee-, Spül- oder Nähmaschine, Staubsauger, Bohrer, Föhn, Rasierapparat. Auf der Baustelle. Betonmischer, Preßlufthammer. In der Fabrik. Druckmaschinen, Sägen, Fräsen.

Maschinen machen immer dieselbe Bewegung und dasselbe Geräusch. Denkt euch Bewegungen mit dazu passenden Geräuschen aus. Die Beispiele der Kinder aufgreifen und alle nachahmen lassen, z. B. Faust öffnen und schließen, zu den Geräuschen Psch-kss; Kopf fallen lassen und wieder heben zu pff-aa; mit einer Faust auf die andere schlagen und dazu mit der Zunge schnalzen.

Maschinen machen immer dieselbe Bewegung.
Maschinen machen immer dasselbe Geräusch,
Maschinen dreh'n sich hierhin oder dahin,
Maschinen können laut sein oder leis
kss-sch-iii-brr, kss-sch-iii-brr,
kss-sch-iii-brr, kssssss.

Jedes Kind denkt sich eine automatische Bewegung aus und führt sie im Rhythmus des Gedichtes aus. Das Gedicht monoton und rhythmisch sprechen lassen *(Abb. 91)*.

Zur Musik gehen, laufen, hüpfen, vor-, rück- oder seitwärts. Mit Musikende stehen bleiben und eine automatische

Abb. 94

Abb. 95

Abb. 96

Abb. 97

Abb. 98

Abb. 99

Bewegung ausführen. Evtl. mit Geräusch *(Abb. 92)*. Mehrmals wiederholen mit immer neuen Bewegungen.

## Hauptteil

Welche automatischen Bewegungen könnt ihr mit den einzelnen Körperteilen machen? Ihr könnt alle Ausgangsstellungen benutzen.

- *Kopf*. Nicken, schütteln, wackeln, heben, senken. Im Stand, Sitz, in der Bauchlage, Rückenlage, Bankstellung *(Abb. 93)*.
- *Hände*. Kreisen, reiben, schütteln, winken, klatschen, patschen, mit Fäusten hämmern. In allen Ausgangsstellungen *(Abb. 94)*.
- *Finger*. Spreizen, beugen, strecken, zappeln. In allen Ausgangsstellungen.
- *Füße*. Kreisen, schütteln, stampfen, wippen, am Boden schleifen. In allen Ausgangsstellungen *(Abb. 95)*.
- *Zehen*. Spreizen, heben, beugen, zusammenkrallen, zappeln, auf den Boden tippen. In allen Ausgangsstellungen.
- *Arme*. Schütteln, kreisen, schwingen, heben, senken, anwinkeln, strecken *(Abb. 96)*.

Abb. 100

- *Schultern*. Zucken, nach vorn, hinten oder oben ziehen, kreisen. In allen Ausgangsstellungen.
- *Beine*. Heben, senken, anhocken, strecken, grätschen, schließen, schütteln, kreuzen. In allen Ausgangsstellungen *(Abb. 97)*.
- *Hüfte*. Kreisen, Becken kippen. Im Stand, in der Rückenlage und Bankstellung *(Abb. 98)*.

*Wir schauen uns nun drei Fabriken an*

- Zuerst kommen wir in die „Kreiselfabrik“. Alle Maschinen machen kreisende Bewegungen. Mit dem Tamburinschlag werden die Maschinen ein- und ausgeschaltet „Gong“. Die Kinder führen mit Kopf, Finger, Hand, Arm, Schulter, Hüfte, Fuß oder Bein kreisende Bewegungen aus *(Abb. 99)*.
- Nun besuchen wir die *„Schwungfabrik“*, in der alle Maschinen schwungvolle Bewegungen machen. Die Kinder führen mit Händen, Armen, Beinen oder dem ganzen Körper schwungvolle Bewegungen aus.
- Zuletzt gehen wir in die *„Zappelfabrik“*. Die Kinder zappeln mit allen oder einzelnen Gliedmaßen.

## Schlussteil

- Wir bauen eine große „Wipp-hopp-tute-Maschine“. – Ein Kind steht in der Mitte und eins nach dem anderen „baut“ sich an. Ihr könnt euch vor, hinter, neben, auf oder unter ein anderes Kind stellen, setzen oder legen. Ihr müßt aber mit einem Körperteil mit der Maschine verbunden sein, damit der „Strom“ nach dem Einschalten auch in alle Bewegungsteile kommt. Manche Kinder sind nun so eingebaut, daß sie nur noch mit dem Kopf, einem Fuß oder einer Hand eine automatische Bewegung machen können. Darauf müßt ihr euch einstellen *(Abb. 100)*.

Abb. 101

Abb. 102

Abb. 103

Sagt mir jetzt der Reihe nach, welche Bewegung und welches Geräusch ihr machen wollt, wenn ich die Maschine einschalte. Der Einschaltknopf ist der Bauchnabel des mittleren Kindes. Ich drücke auf den Einschaltknopf und es geht los! Huii! Ist das ein Lärm. Schnell wieder ausschalten. Beliebig oft ein- und ausschalten. Eine tolle Maschine!

## Die Erde zieht uns wie ein Magnet an und gibt uns Halt

### Einleitung

- Zur Musik gehen, laufen, hüpfen, vor-, rück- oder seitwärts. Mit Musikende oder auf ein Signal plötzlich stoppen und in der Bewegung erstarren, zuletzt mit Musikende auf einem Bein mit ausgebreiteten Armen oder mit verschränkten Armen stehen *(Abb. 101)*. Wie könnt ihr das Gleichgewicht besser halten?
- Mit Musikende auf einem Bein ununterbrochen bewegen *(Abb. 102)*. Beim nächsten Mal das andere Bein belasten. Mit Musikende auf den Zehenspitzen stehen *(Abb. 102, rechte Figur)*.
- Im Stand mit den Fingern zappeln, dann zusätzlich den Kopf bewegen. Anschließend Finger, Kopf und Arme bewegen, dann zusätzlich den Po *(Abb. 103)*. Wer schafft es auch auf einem Bein?
- Dreht euch auch einmal im Kreis und balanciert dann auf den Zehenspitzen. Wer kann dazu eine lange Nase machen oder lange Ohren machen oder überkreuz an Nase und Ohr greifen *(Abb. 104)*?

### Hauptteil

*Die Erde zieht uns an wie ein Magnet.*

- Legt euch bequem in die Rückenlage und versucht, verschiedene Körperteile etwas vom Boden abzuheben und zu halten. Immer ein Kind stellt eine Aufgabe vor und alle ahmen nach. Die Kinder heben den Kopf, die Arme, Schultern, den Po, die Beine einzeln oder gleichzeitig hoch und halten

Abb. 104

Abb. 105

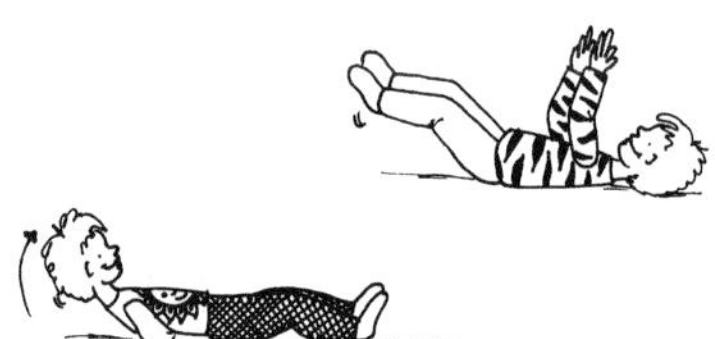

Abb. 106

Abb. 107

Abb. 108

Abb. 109

einen Moment diese Stellung *(Abb. 105)*. Spürt ihr, wie die Erde „zieht“? – Fühlt ihr, wie schwer euer Kopf wird?

- Wie vor, aber in der Bauchlage *(Abb. 106, obere Figur)*.
- Wie vor, aber im Sitz *(Abb. 106, rechte Figur)*.
- Wie vor, aber in der Bankstellung *(Abb. 106, untere Figur)*.
- Legt euch entspannt auf den Rücken. Zappelt wie ein Baby mit Armen und Beinen *(Abb. 107)*.
- Wie vor, steht nun in Zeitlupe – also ganz, ganz langsam – zum Stand auf und beobachtet, wie ihr das macht. Lösungen vorstellen und nachahmen lassen *(Abb. 108)*, z. B. in die Bauchlage rollen, zur Bankstellung kommen und sich dann auf die Füße stellen. Aus der Rückenlage direkt zum Strecksitz kommen, dann zum Fersensitz und zum Stand gelangen. Aus der Rückenlage Schwung mit den Beinen holen und so über die Hocke zum Stand kommen.
- Wie vor, aber die Aufgabe genau umgekehrt lösen. Alle gehen in Zeitlupe vom Stand in die Rückenlage. Alle Lösungen vorstellen und nachahmen.
- Im Stand ein Bein vom Boden heben und auf dem anderen Bein balancieren. Könnt ihr auch beide Beine vom Boden abheben? Richtig – ihr müßt springen! Aber die Erde zieht euch immer wieder herunter. Wer kann so hoch springen, daß er in der Luft noch die Beine kurz anhocken und strecken oder mit den Beinen zappeln oder die Beine grätschen und schließen kann *(Abb. 109, obere Figuren)*.

Abb. 110

- Wer kann über die gespannte Zauberschnur springen *(Abb. 109, rechte Figur)*?
- Was kann sich in der Luft bewegen, ohne sofort heruntergezogen zu werden? Ja – Vögel, Fliegen, Käfer, Flugzeuge, Hubschrauber usw. – Alle Ideen aufgreifen und darstellen lassen. Die Kinder fliegen als Vögel und flattern mit den Flügeln. Wenn die Vögel müde sind, landen sie und schließen erst dann ihre Flügel *(Abb. 110, linke Figuren)*.
- Stellen die Kinder Flugzeuge oder Hubschrauber dar, müssen sie erst tanken *(Abb. 110, rechte Figuren)* und den Motor anlassen, bevor sie fliegen können. Herbstblätter können nur so lange durch die Luft wirbeln, wie der Wind sie bläst. Dasselbe gilt im Frühling für Löwenzahn- und andere Samen.
- Zuletzt fliegen alle Kinder nochmals als Löwenzahnsamen oder Herbstblätter (je nach Jahreszeit) zur Musik durch die Lüfte und mit Musikende sinken alle ganz leise auf die Erde.

## Schlussteil

- *Die Verbindung zur Erde fühlen*. – Alle stellen sich bequem hin, die Füße nicht zu dicht beieinander. – Stellt euch vor, ihr seid eine Pflanze und euch wachsen Wurzeln. Die Wurzeln geben euch Halt. Ihr könnt nicht mehr umfallen. –

Abb. 111

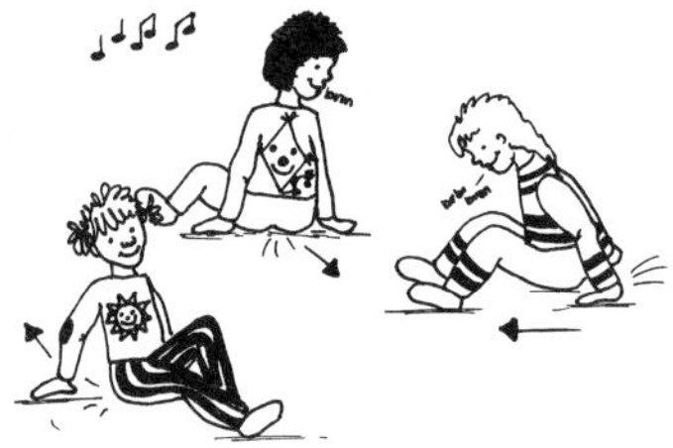

Abb. 112

Abb. 113

Wiegt euch leicht im Wind hin und her, indem ihr euer Gewicht einmal auf das eine Bein, dann auf das andere Bein verlagert. Nicht mit dem Oberkörper schaukeln. Nur das Gewicht verlagern. Immer hin und her – hin und her.

- Könnt ihr das Gewicht auch auf die Fußspitzen und die Fersen vor- und rückverlagern? Ganz ruhig, immer vor und rück *(Abb. 111)*. Dabei bleibt die ganze Fußsohle immer fest mit dem Boden „verwurzelt".
- Versucht das Ganze nun mit geschlossenen Augen. Keine Angst, ihr seid fest mit dem Boden verwurzelt. Die Erde gibt euch Halt.

# Auf zum Volksfest – eine geturnte Bewegungsgeschichte

## Einleitung

Wir gehen gemeinsam zum Volksfest. Auf der Kreislinie gehen, laufen, hüpfen, vor-, rück- oder seitwärts. Auf dem Festplatz gehen wir in Kurven um die vielen Stände und Fahrgeschäfte herum. In Kurven um die anderen Kinder gehen und sich alles anschauen.

## Hauptteil

- *Autoscooter-Fahren*. Die Autos können nur mit Strom (Musik) fahren. Ohne „Strom" bleiben sie sofort stehen. Die Kinder rutschen auf dem Po zur Musik vor-, rück- oder seitwärts *(Abb. 112)*.
- *Karussell-Fahren*. Jedes Kind entscheidet selbst über seine Art, Karussell zu fahren. Auf ein Signal wird in ein neues Karussell umgestiegen. Die Kinder drehen sich am Ort im Stand, in der Bauch- oder Rückenlage, im Sitz oder in der Bankstellung *(Abb. 113)*.
- *Geisterbahn*. Die Hälfte der Kinder steht als „Geister" in offener Aufstellung nicht zu weit auseinander. Sie müssen an ihrem Platz stehen bleiben, dürfen aber Arme und Oberkörper bewegen, Fratzen schneiden oder die Durchfahrenden kitzeln. Als Wegorientierung kann für die „Wagen" ein langes Seil gelegt werden. Ein Kind nach dem anderen fährt nun durch die Geisterbahn am Seilweg entlang, als Lenkrad einen Tennisring in der Hand. „Huh", ist das aufregend *(Abb. 114)*. Rollenwechsel.
- *Schiffschaukel*. Jedes Kind entscheidet selbst über die Art, das Schaukeln darzustellen. Auf ein Signal wird eine neue Schaukelform gewählt. Die Kinder schwingen im Stand die Arme hin und her, beugen im Stand oder Kniestand den Rumpf zur Seite, deuten die Schaukelbewegung mit Händen oder Kopf nur an. Im Sitz auf dem Po seitwärts hin- und herschaukeln oder die angehockten Beine hin- und herschwingen. Mit Schwung auf den Rücken rollen und dabei Beine und Becken mitheben *(Abb. 115)*.

Abb. 114

Abb. 115

Abb. 116

Abb. 117

● *Hau den Lukas*. Zu Paaren gegenüberstehen. Das „Hau-Kind“ legt die Fäuste übereinander, holt hoch über den Kopf aus, läßt die Fäuste so weit niedersausen, bis die Unterarme etwa waagerecht sind. Dann wird abrupt gestoppt, und der „Lukas“ springt in die Höhe, dabei berühren sich die Kinder nicht *(Abb. 116)*. Die „Hau-Kinder“ rufen beim Ausholen „Hau“, beim Stoppen „ruck“ und beim Hochspringen des Lukas „Ah“! Wechseln der Rollen.

● *Pony-Reiten*. Zu Paaren zusammenbleiben. Ein Kind geht als Pony in die Bankstellung, das andere steigt auf und reitet *(Abb. 117)*. Wechseln der Rollen.

● *Sensationen auf dem Laufsteg*. Die Übungsleiterin kündigt als „Jahrmarktschreierin“ die Sensationen an, und die Kinder bewegen sich entsprechend über die Bank. „Hochverehrtes Publikum, hier sehen Sie außergewöhnliche Menschen! Kommen Sie, sehen Sie!!!“ „Puddingknochenschlenkergliedermenschen“ *(Abb. 118)*. Die Kinder gehen mit allen Gliedern schlenkernd über die Bank. „Kraftprotzmuskelmenschen“ *(Abb. 119)*. Die Kinder zeigen ihre Muskeln. „Robotermenschen“. Die Kinder bewegen sich roboterhaft. „Katzenschleichermenschen“. Die Kinder schleichen über den Laufsteg. „Oberfratzenschneider“. Die Kinder gehen fratzenschneidend über die Bank. Wo bleibt der Applaus??? Alle klatschen.

● *Labyrinth-Spiel*. Alle Kinder gehen langsam mit geschlossenen Augen herum, die Hände vorsichtig ausgestreckt. Bei Berührung mit einem anderen Kind oder der Wand ruhig abwenden und in anderer Richtung weitergehen. Mit Musikende die Augen öffnen und den neuen, eigenen Platz im Raum wahrnehmen. Mehrmals spielen, da die Kinder erst beim wiederholten Spielen die Augen wirklich geschlossen halten *(Abb. 120)*.

## Schlussteil

*Reaktionsspiel* „Was gibt es an den Essbuden?“ – „Salzstangen“: Alle Kinder legen sich einzeln auf den Boden – „Käsebrot“ (Brot mit einer Scheibe Käse): Zu zweien aufeinanderlegen *(Abb. 121)*. – „Gezwicktes“ (Brötchen mit Bratwurst dazwischen): Zu dritt übereinanderlegen. – „Döner kebap“ (türkisches Fladenbrot mit Fleisch, Salat und Zwiebeln): Zu viert übereinanderlegen.

*Ablauf:* Zur Musik gehen, laufen, hüpfen, mit Musikende ruft die Leiterin einen der oben erklärten Begriffe, und alle reagieren so schnell wie möglich.

Abb. 118

Abb. 119

Abb. 120

Abb. 121

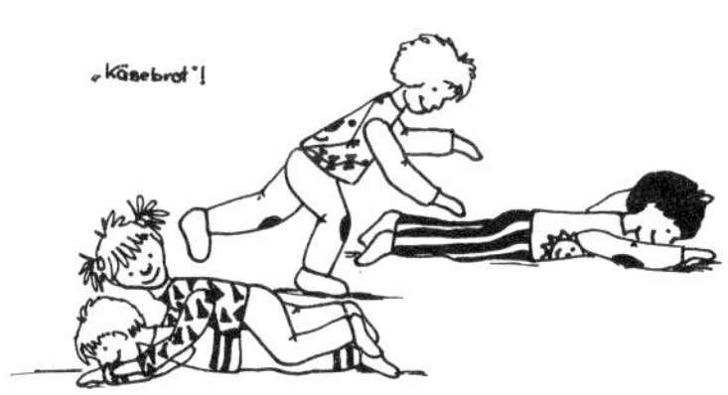

# Übungseinheiten mit Handgeräten

3

Abb. 122

Abb. 123

Abb. 124

***Mit Kunststoffringen, ca. 5 bis 6 cm Durchmesser***

# Meine Hände, deine Hände

## Einleitung

● Gehen, laufen, hüpfen zur Musik, mit Musikende „Handbegrüßung“. Mehrmals wiederholen und immer neue Möglichkeiten der Begrüßung ausdenken, z. B.: Handflächen an den Partnerhandflächen reiben, zusammenklatschen, Zeigefinger antippen, usw. *(Abb. 122)*. Dazu das Lied: „Meine Hände sagen heute ...“ (Vers 1).

**Lied**

Aus „Die Welt ist schön 2“ von Karin Schaffner, Pohl-Verlag (Alte Volksweise: Ringlein, Ringlein, du mußt wandern).

1. Meine Hände sagen heute
   guten Tag, ihr lieben Leute,
   guten Tag, guten Tag,
   wie ich das so gerne mag!
2. Ringlein, Ringlein, du mußt wandern,
   von dem einen Ort zum andern,
   oh, wie schön, oh, wie schön,
   ist's, wenn Ringlein wandern gehn!
3. Meine Hände sagen heute
   Wiedersehn, ihr lieben Leute,
   Wiedersehn, wiedersehn,
   weil wir nun nach Hause gehn.

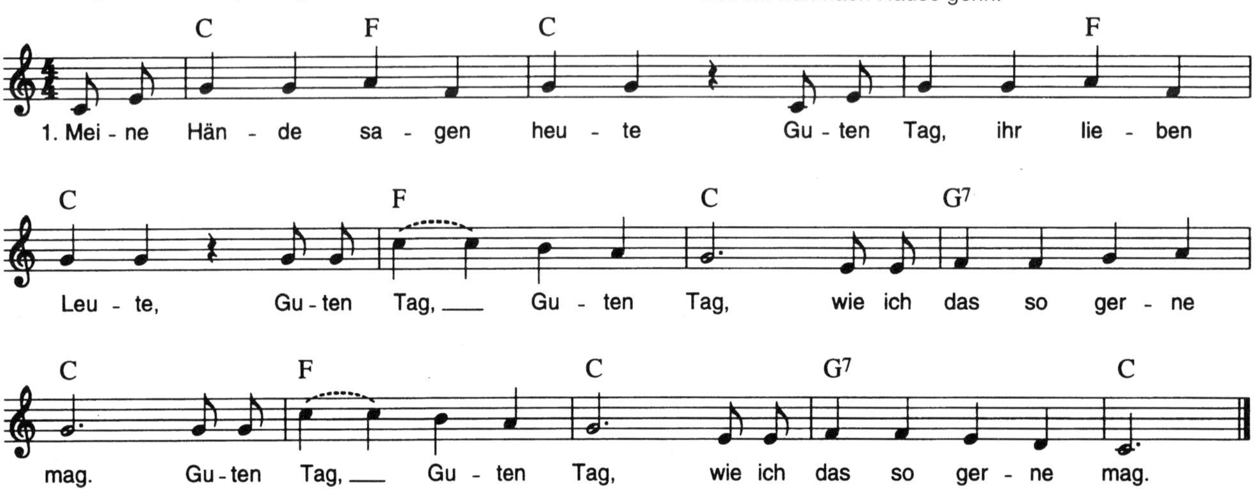

Abb. 125

Abb. 126

Abb. 127

*Hände anschauen:* Es gibt sehr verschiedene Hände. Sie sind groß, klein, breit, schmal, dick, dünn, die Finger sind lang, kurz, krumm, gerade. Die Hand besteht aus Handfläche, Handrücken, Mittelhand, Fingern, Gelenken usw. Jeder Mensch hat seine besonderen Handlinien.

## Hauptteil

Experimentieren mit Materialien. (Kleine Plastikringe, Ø 5–6 cm.) Die Kinder sitzen im Kreis.

- Jedes Kind erhält einen Ring und darf damit experimentieren *(Abb. 123)*. Anschließend zeigt jedes Kind eine Übung, die von den anderen nachgeahmt wird. Zeit zum Üben lassen.
- Ring nacheinander auf allen zehn Fingern schaukeln lassen, Ring auf den Fingern kreiseln.
- Mit den beiden Zeigefingern den Ring umkreisen. Auch mit den anderen Fingern probieren, einmal innen, einmal außen am Ring entlang.
- Den liegenden Ring mit einem Finger senkrecht stellen und langsam wieder legen. Alle Finger probieren.
- Den am Boden liegenden Ring mit einem Finger kreisen.
- Den senkrecht am Boden stehenden Ring zwirbeln.
- Den Ring rollen, hochwerfen und fangen, auch mit einzelnen Fingern *(Abb. 124)*.

## Schlussteil

- *Ringleinspiel* (mit einem Ring oder zwei Ringen). Das Ringlein wandert im Kreis von Finger zu Finger, dabei das Lied singen (2. Vers, Abb. 125), oder:
- *Kunstwerk bauen*. Die Leiterin legt ihren Ring in die Mitte, und ein Kind nach dem anderen baut seinen Ring an *(Abb. 126)*. Zuletzt machen alle einen Handkreis um das Kunstwerk. Der Kreis dreht sich, dazu wird der 3. Vers gesungen, mit Liedende drücken die Kreiskinder die Nachbarshände: Auf Wiedersehn!!!

***Mit Sohlen aus Pappe***

# Turnen mit „Fußsohlen"

## Einleitung

Beide Füße auf eine dickere Pappe stellen, ummalen und ausschneiden. Beide Füße auf die „Sohlen" stellen und kreuz und quer durch den Raum rutschen. Anschließend einen Platz im Raum suchen.

Zur Musik um alle ausgelegten „Sohlen" gehen, laufen, hüpfen, vor- und rückwärts; im Vierfüßlergang oder im Seitgalopp *(Abb. 127)*. Mit Musikende Stand auf irgendwelchen „Sohlen". Passen sie zu den Füßen, sind sie zu klein oder zu groß? Zum Abschluss zu den eigenen „Sohlen" zurückkehren.

## Hauptteil

- „Sohlen" am Boden rutschen, schieben oder ziehen. Ideen werden ausprobiert, vorgemacht und dann gemeinsam ausgeführt.
- Nur ein Fuß steht auf einer „Sohle" und rutscht vorwärts, der andere Fuß schiebt wie ein Rollerfahrer an.

Abb. 128

Abb. 129

Abb. 130

Wechseln. Die andere „Sohle“ am besten in der Hand halten *(Abb. 128)*.

- Stand auf den „Sohlen“. Mit geschlossenen Beinen vorwärts oder rückwärts rutschen.
- In der Bauchlage „Sohlen“ mit den Händen vorwärtsschieben.
- Wie vor, aber in der Bankstellung *(Abb. 129)*.
- „Sohlen“ im Sitz mit den Füßen vor- und rückwärtsschieben.
- Im Sitz mit den „Sohlen“ Kreise beschreiben.
- In der Bankstellung Hände auf die „Sohlen“ legen und Wischbewegungen ausführen.
- Über die auf dem Boden liegenden „Sohlen“ springen.
- Vorwärts und rückwärts über die „Sohlen“ springen *(Abb. 130)*.
- Schlusssprung mit halber Drehung.
- Zickzacksprünge oder Grätsch- und Kreuzsprünge über die „Sohlen“ *(Abb. 130)*.
- Beide „Sohlen“ gleichzeitig auf verschiedenen Körperteilen balancieren.
- Auf beiden Händen, den Armen oder Schultern, auf dem Kopf und der Hand, auf der Hand und dem Fuß; in der Bauchlage, auf dem Rücken und dem Kopf; in der Rückenlage oder im Krebsgang, auf der Brust und dem Bauch *(Abb. 131)*.
- Sitz im Kreis. Eigene Fußsohlen anschauen. Mit den Händen die Wölbung, Vertiefungen und Linien befühlen und die Empfindungen anschließend äußern.
- Mit den Fußsohlen die Verbindung zur Erde spüren. Bequemer Stand, die Füße sind am Boden wie „festgeklebt“. Ständig durch Gewichtsverlagern hin- und herwiegen.
- Wie vor, aber vor- und rückwärts. Beides mit geschlossenen Augen probieren.

## Schlussteil

*„Die Trampelschar“ (Abb. 132).* Aus „Die Welt ist schön 2“ von Karin Schaffner, Pohl-Verlag.

1. Alle Füße haben Sohlen, tripp, trapp, tripp, ich trampel hier im Kreis herum und du machst mit!

2. Alle Füße haben Sohlen, tripp, trapp, tripp, wir trampeln hier im Kreis herum und du machst mit!

Abb. 131

Abb. 132

Abb. 133

3. Alle Füße haben Sohlen, tripp, trapp, trum, da fällt die ganze Trampelschar auf einmal um!

*Spielvorschlag:* Kreisaufstellung, Stand oder Schneidersitz am Boden.

- Im 1. Vers geht ein „Trampler", eine „Trampeline" stampfend im Kreis herum und holt bei „mit" ein weiteres Kind in den Kreis.
- Im 2. Vers holt das zweite Kind einen dritten „Trampler" oder eine „Trampeline". Bei großen Gruppen holen beide Kinder je ein weiteres Kind. Der 2. Vers wird solange gesungen, bis alle Kinder im Kreis sind. Dabei holt jeweils das letztgeholte Kind ein weiteres. Bei großen Gruppen holen dann vier Kinder vier zusätzliche, diese acht Kinder bei der nächsten Wiederholung weitere acht Kinder usw.
- Im 3. Vers purzeln zuletzt alle Kinder am Boden herum. Das Lied kann erweitert werden: Hüpfeschar, Schleicheschar, Tanzeschar usw.

Abb. 134

***Mit Schwung- und Chiffontuch***

# Viel Spaß mit dem Schwungtuch

## Einleitung

- *Karussell-Spiel*. Alle haben das Tuch rechts gefasst und laufen im Kreis; erst langsam, dann immer schneller – eine Weile durchhalten und dann wieder langsamer werden, bis in den Stand *(Abb. 133)*. Dazu passender Text. Das Karussell fängt an zu dreh'n, erst soll es langsam vorwärts geh'n. Dann geht es schneller von der Stell' – hui, dreht sich jetzt das Karussell ... das Karussell hört auf zu dreh'n, das Karussell, nun bleibt es steh'n.
- Wie vor, aber links gefasst. Beides mehrmals wiederholen.
- Das Tuch beidhändig gefasst: Seitgalopp links und rechts. Zuletzt fallen alle um. Dazu passender Text. Hopp, hopp, hopp, immer im Galopp geht es nun im Kreis herum, plötzlich fallen alle um. Bum (nach „Galopp" eventuell längere Sprechpause machen).
- *Fangspiel*. Ein Kind bis fünf Kinder reißen aus und müssen mit dem Tuch eingefangen werden *(Abb. 134)*.

## Hauptteil

- *Wind machen*. Könnt ihr das Tuch beidhändig gefasst „schütteln" und dabei die verschiedenen Ausgangspositionen einnehmen (Strecksitz – Rückenlage – Bauchlage – Fersensitz)?

Abb. 135

Abb. 136

Abb. 137

- *Strecksitz*. Gemeinsam das Tuch hoch- und tiefführen. Und nun: Rückenlage – Tuch tief, Strecksitz – Tuch hoch.
- *Meeres-Spiel*. Im Fersensitz „Wellengang" machen. Zwei gegenüber kniende, zuvor bestimmte Kinder versuchen, über die wildbewegten Wellen zu gehen und den Platz zu tauschen *(Abb. 135)*.
- Wenn alle dran waren, wird es noch spannender: Unter dem Tuch, auf dem „Meeresgrund", werden Kleingeräte (Sandsäckchen, Tennisringe) – Schätze – versteckt und müssen „hochgetaucht" werden, bei nach wie vor starkem Wellengang.
- Zwei gegenüber kniende, zuvor bestimmte Kinder wechseln den Platz, indem sie „unter Wasser hinüberschwimmen" (in der Bauchlage).
- *Stand*. Gemeinsam das beidhändig gefasste Tuch 2x tief- und hochführen, beim zweiten „Hoch" das Tuch los- und fliegenlassen *(Abb. 136)*. Dazu passender Text. Klein, groß, Hände los.
- Wie vor, aber beim dritten Mal „hoch" das Tuch nicht loslassen, sondern mit halber Drehung rückwärts unter das Tuch laufen und dann in der Hocke unter dem Tuch versteckt bleiben *(Abb. 137)*.
- *Abzählspiel*. Zu zweien oder dreien abzählen. Beim dritten Mal „hoch" verstecken sich alle Einser unter dem Tuch. Erschwernis. Unter dem Tuch müssen zuvor vereinbarte Ausgangsstellungen eingenommen werden (Schneidersitz – Rückenlage – Stand – Bauchlage).

## Schlussteil

- Ein Riesenball wird immer am Tuchrand entlang im Kreis gerollt *(Abb. 138)*.
- Könnt ihr ihn auch hochwerfen?
- Wie vor, aber mit zwei kleinen Bällen gleichzeitig *(Abb. 139)*.
- *Schwungvoller Abschluss*. Eine Kindergruppe wirft mit dem Tuch viele Kleingeräte hoch und versucht, sie durch Hochwerfen vom Tuch zu bekommen. Die zweite Kindergruppe sammelt gleichzeitig so schnell wie möglich alles wieder ein und wirft es auf das Tuch. Wechseln *(Abb. 140)*.

Abb. 138

Abb. 139

Abb. 140

Abb. 141

Abb. 142

Abb. 143

# Die „Artistenschule" – eine geturnte Bewegungsgeschichte

## Einleitung

Die Artistenkinder machen sich auf den Weg zur Artistenschule. Sie gehen nicht wie andere Kinder durch die Stadt, sondern *denken sich lustige Fortbewegungsarten aus* und geben den Straßen dazu passende Namen.

- In der *Balanciergasse* gehen sie mit ausgebreiteten Armen auf einem unsichtbaren Seil und machen Kunststücke *(Abb. 141)*.
- In der *Rückwärtsallee* gehen oder krabbeln sie nur rückwärts.
- In der *Hüpf-, Tanz-, Quatsch-, Zappel-, Lauf- oder Purzelstraße* bewegen sie sich entsprechend.

Ideen der Kinder aufgreifen.

## Hauptteil

Endlich kommen sie in der Artistenschule an. Die Trainerin wartet schon und hat für heute Chiffontücher bereit gelegt. Jedes Kind bekommt ein Chiffontuch.

*Die Trainerin stellt die erste Aufgabe.*

- Das Chiffontuch mit einer Hand oder mit beiden Händen hochwerfen und mit einer Hand oder mit beiden Händen wiederauffangen. – Die Artistenkinder denken sich dazu Schwierigkeiten aus. Die Kinder experimentieren mit dem Chiffontuch *(Abb. 142)*. Dann macht ein Artistenkind nach dem anderen eine Übung vor, die von den anderen nachgeahmt wird, z. B.:
- Das Chiffontuch hochwerfen, ein- bis zweimal klatschen und das Tuch auffangen. Beim Klatschen einen Schluß-, Grätsch-, Hocksprung ausführen oder in die Hocke gehen.
- Das Chiffontuch hochwerfen und im Sitz, in der Bauch- oder Rückenlage auffangen *(Abb. 142, Figuren unten)*.
- Das Chiffontuch erst kurz vor der Bodenberührung auffangen *(Abb. 142, Figur oben rechts)*. Unter dem hochgeworfenen Chiffontuch hindurchlaufen und es danach fangen.
- Das Chiffontuch im Stand oder Sitz hochwerfen und danach unter einem Bein klatschen, dann das Tuch fangen.

*Die Trainerin stellt die zweite Aufgabe*
und verfährt wie bei der ersten. Also experimentieren, anschließend vor- und nachmachen lassen.

- Das Chiffontuch hochwerfen und in verschiedenen Ausgangsstellungen mit verschiedenen Körperteilen auffangen *(Abb. 143)*, z. B.:
- Das Chiffontuch im Stand hochwerfen und mit dem Fuß *(Abb. 143, linke Figur)* oder Kopf auffangen.
- Das Chiffontuch hochwerfen und im Sitz mit den Händen oder Füßen *(Abb. 143, rechte Figur)* auffangen.
- Das Chiffontuch hochwerfen und in der Bankstellung mit dem Kopf oder Rücken auffangen *(Abb. 143, mittlere Figur)*.
- Das Chiffontuch im Sitz hochwerfen und in der Bauchlage mit Kopf oder Rücken auffangen; es im Sitz mit den Füßen hochwerfen und mit den Händen fangen.

*Fantastisch, diese Artisten! – Die Trainerin stellt die dritte Aufgabe*
und verfährt wie bei den vorhergehenden.

Abb. 144

Abb. 145

Abb. 146

- Das Chiffontuch schwingen oder kreisen lassen *(Abb. 144)*, z. B.:
- Vor dem Körper hin- und herschwingen oder kreisen *(Abb. 144, die beiden linken Figuren)*, neben dem Körper vor- und rückschwingen oder kreisen, über dem Kopf kreisen *(Abb. 144, rechte Figur oben)*, etwas vorgebeugt rührende Handbewegung machen *(Abb. 144, rechte Figur unten)*, rührend eine Acht beschreiben.
- Wer kann bei den Schwung- oder Kreisübungen das Chiffontuch so loslassen, dass es hoch in die Luft fliegt? Alle Übungen immer beidseitig ausführen.

*Die Trainerin stellt die vierte Aufgabe.*

Weil Artistenkinder auch gute Schauspieler oder Clowns sein müssen, gibt sie dem Chiffontuch besondere Eigenschaften und die Artistenkinder spielen entsprechend. Sie ruft z. B.: „Das Chiffontuch stinkt". Nun wird beim Spiel die Nase zugehalten *(Abb. 145, linke Figur)*, das Tuch wird weit vom Körper weggehalten oder mit dem Fuß am Boden hinterhergeschleift *(Abb. 145, rechte Figur)*.

*Weitere Möglichkeiten:* Das Chiffontuch ist schwer wie Blei, duftet wie Parfüm, ist heiß wie Feuer oder kuschelig wie ein Bär.

*Nun stellt die Trainerin die fünfte und schwerste Aufgabe.*

- Jedes Artistenkind bekommt zwei Chiffontücher und darf ausprobieren, was man alles damit anfangen kann. Jedes Kind darf ein Kunststück vorführen und alle ahmen es nach, z. B.:
- Die Chiffontücher gleichzeitig beidhändig hochwerfen und fangen *(Abb. 146, mittlere Figur)*, sie überkreuz hochwerfen und fangen.
- Die Chiffontücher mit ausgestreckten Armen halten und sich schnell im Kreis drehen *(Abb. 146, rechte Figur)*.
- Die Chiffontücher parallel oder überkreuzt hin- und herschwingen *(Abb. 146, linke Figur)*.
- Wer kann die Chiffontücher jonglieren? Die rechte Hand wirft „ihr" Tuch hoch. Während das Tuch in der Luft ist, schnell das zweite Tuch von links nach rechts übergeben und mit der linken Hand das schwebende Tuch fangen *(Abb. 147)*. Fortlaufend üben.

Abb. 147

Abb. 148

Abb. 149

Abb. 150

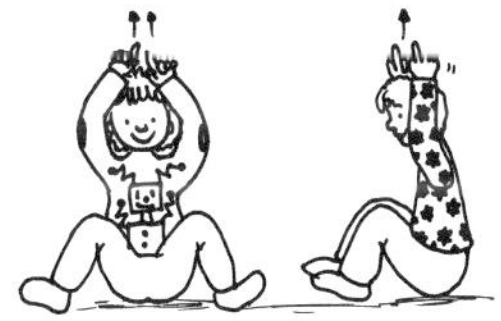

Abb. 151

Abb. 152

## Schlussteil

Die Artistenkinder bilden mit einem Chiffontuch in der Hand einen großen Kreis. Auf Zuruf werfen alle Kinder ihre Tücher hoch, laufen schnell nach rechts und fangen das Tuch des „Nebenkindes“ auf. Mehrmals spielen *(Abb. 148)*. Anschließend werden die Chiffontücher eingesammelt.

Artistenkinder räumen ihre Tücher natürlich nicht auf normale Weise weg, sondern denken sich schwierige Möglichkeiten aus. Die Kinder balancieren ihre Tücher auf verschiedenen Körperteilen und bewegen sich in verschiedenen Ausgangsstellungen, knüllen die Tücher und werfen sie in die Behälter oder greifen sie mit den Zehen und transportieren sie so hinein *(Abb. 149)*.

# Eine Reise in seltsame Länder und auf ferne Planeten

## Einleitung

- Zur Musik *„verreisen“* (Gehen, Laufen, Hüpfen vor-, rück- oder seitwärts; Seitgalopp; im Ballen- oder Fersengang).
- Mit Musikende sind wir in seltsamen *„Geräuscheländern“* angekommen und weil sich das so lustig anhört, machen alle Kinder mit: Laut schmatzen im Schmatzeland; pfeifen im Pfiffland; kratzen an Bänken, Wänden, Matten, am Boden im Kratzeland; trampeln im Trampelland; patschen auf die Oberschenkel, den Boden im Patscheland *(Abb. 150)*; Fingerschnippen im Schnippland; Zungenschnalzen im Schnalzland; klatschen im Klatschland; schreien im Schreiland und heulen im Heulland.

## Hauptteil

- Wir reisen mit dem Raumschiff zu fernen Planeten. Alles einsteigen (auf Matten setzen), anschnallen! (Pantomimisch darstellen.) Antennen ausfahren! (Fäuste mit ausgestreckten Zeigefingern auf den Kopf legen und nacheinander Arme in Hochhalte führen) *(Abb. 151)*.
- Knöpfe überprüfen, dabei an imaginären Knöpfen drehen.
- Starten, dabei drei, zwei, eins, null, pschschsch zählen. Haltet euer Lenkrad gut fest!
- Was seht ihr draußen: Ideen der Kinder aufnehmen. Beispiele: Wolken – Regenbogen, fliegt unten durch! Köpfe einziehen und kleinmachen. – Regen, die Fenster beschlagen, macht sie wieder klar! Pantomimisch Fenster putzen. – Gewitter, – oje, das Raumschiff schlingert und wackelt! Pantomimisch darstellen. – Die Erde wird immer kleiner, schaut mal zurück! Nach hinten sehen.
- Wir landen auf dem ersten Planeten: Bremsen – Knöpfe abstellen – Antennen einfahren – abschnallen. Alles pantomimisch darstellen. Aussteigen, spazierengehen. Da kommen plötzlich Hunderte von Mücken, die einmal Menschenblut probieren wollen! Ih, Ah, Uh!!!! Zappeln und imaginäre Mücken verscheuchen *(Abb. 152)*. – Weglaufen und schnell zurück ins Raumschiff! Abfliegen. *Das war der Mückenplanet.*

Abb. 153

Abb. 154

Abb. 155

Wir landen auf dem zweiten Planeten. Alle Lebewesen haben einen riesigen Kartoffelkloß im Mund und können sich deshalb nur in der Zeichensprache verständigen. Mit prall aufgeblasenem Mund herumgehen und gestikulieren. – Scheußlich! Schnell zurück ins Raumschiff! Abfliegen. *Das war der Kartoffelkloß-Planet.*

Wir landen auf dem dritten Planeten, auf dem wir als vierbeinige, fratzenschneidende Ungeheuer herumkrabbeln müssen *(Abb. 153)*. Weitere Planeten könnten hier eingebaut werden: Hüpf-, Kuller-, Rutsch-, Kitzel- oder Streichelplanet.

Anschließend landen wir auf dem schönsten aller Planeten, auf dem *Traumplaneten*. Hunderte, zarte, farbige Träume schweben dort herum. Mindestens so viel Chiffontücher wie Kinder, möglichst aber mehr in der Halle verteilen, bevor die „Raumfahrer" aus ihren Matten-Raumschiffen ausgestiegen sind. Wir bleiben lange auf dem Traumplaneten und spielen mit den „Träumen". Die Kinder frei gestalten lassen.

Die Übungen der Kinder aufgreifen und alle nachahmen lassen, evtl. auch selbst Anregungen geben.

*Übungsbeispiele:* Tuch hochwerfen, fallen lassen und Bewegung mit dem eigenen Körper nachahmen.

Tuch hochwerfen und mit verschiedenen Körperteilen auffangen. Tuch am Boden wegpusten.

Tuch schwingen oder kreisen.

Tuch mit den Füßen ausschütteln.

Mit einem Fuß hochnehmen, fallen lassen oder in die Hand übergeben.

Tuch auf verschiedenen Körperteilen balancieren und dabei in verschiedenen Ausgangspositionen fortbewegen *(Abb. 154)*.

Durch das Tuch die anderen Lebewesen anschauen *(Abb. 154)*.

Unter dem hochgeworfenen Tuch hindurchlaufen oder es kurz vor dem Boden fangen *(Abb. 154)*.

## Schlussteil

Bald müssen wir wieder zur Erde zurück. Vorher tanzen wir zur Musik mit einem „Traum". Kinder frei gestalten lassen. Zum Abschied pflanzen wir noch eine „Traumblume" auf der großen Planetenwiese. Alle Kinder sitzen am Boden, verstecken das Tuch vollständig in ihren Händen und schließen ihre Augen. Die Hände bilden die Knospen.

Alle Traumblumenknospen sind noch geschlossen. Da ertönt leise Musik (Cimbel, Triangel oder Glockenspiel). Langsam – ganz langsam öffnen sich die Knospen und die wunderschönen Traumblüten wachsen heraus. Augen öffnen, Hände sehr langsam nach oben öffnen, damit das Tuch herausquellen kann. Die Traumblumen wachsen dem Licht entgegen und wiegen sich verträumt. „Chiffonblume" langsam hoch über den Kopf wachsen lassen und wiegen *(Abb. 155)*.

Wir legen unsere Blumen auf der Wiese ab und steigen wieder ins Raumschiff. Passt aber auf, dass ihr keine Traumblume zertretet!

Anschnallen – Antennen ausfahren – Knöpfe überprüfen – Starten – Wir können nochmals durch das Gewitter und unter dem Regenbogen durchfliegen, dann landen wir wieder auf der Erde. Bremsen, Knöpfe abstellen, Antennen einfahren, abschnallen, aussteigen.

Abb. 156

Abb. 157

Abb. 158

### *Mit Bällen*

## „Lieber Ball – böser Ball“

- Einen Ball zeigen: Der Ball ist rund. Könnt ihr euch auch so rund machen *(Abb. 156)*?
- Jedes Kind bekommt einen Ball. Experimentierphase: Die Kinder werden den Ball tragen, rollen, werfen, stoßen, balancieren.
- Rollt den Ball abwechselnd mit den Händen vorwärts.
- *Spiel:* Lieber Ball, böser Ball: Der Ball läuft immer brav neben euch her, bis die Musik aufhört oder ein akustisches Signal ertönt, dann stoßt ihr den Ball fort und saust hinterher (der Schlingel ist ausgerissen).

### Hauptteil

- Mit welchen Körperteilen könnt ihr den Ball noch fortrollen *(Abb. 157)*? Ellenbogen, Kopf (in Bauchlage oder Bankstellung), Knie (in Bankstellung oder Kniestand), Fuß (im Sitz oder Stand). Immer in der jeweiligen Ausgangsstellung hinter dem Ball her.
- Der Ball will um euren Körper oder um Körperteile herumrollen *(Abb. 158)*. Im Grätschstand um die Beine, durch die Beine nach hinten, im Stand oder Hocksitz um die Beine, im Sitz um den Körper oder unter den Beinen durch, in der Rückenlage Po heben und Ball untendurch rollen.
- Der Ball will auf euch rollen. Im Sitz auf den gestreckten Beinen, Rückenlage und Sitz im Wechsel: Ball auf Beinen und Körper bis zur Nasenspitze „laufen“ lassen, im Stand am Körper hoch, auf dem seitgestreckten Arm hin und her, über den Kopf hinweg in den Nacken, im Hocksitz von den Knien abwärts rollen lassen *(Abb. 159)*.
- Ball hochwerfen und zu fangen versuchen. Erst im Stand, dann Sitz. Ball vom Rücken aus über den Kopf vorwerfen, dabei tief verbeugen. Im Sitz mit den Füßen rückwerfen *(Abb. 160)*. Ball gegen die Wand werfen.
- *„Lieber Ball, böser Ball“:* Ball hochwerfen und fangen (dabei „lieber Ball“ sprechen). Ball stark auf den Boden prellen („böser Ball“). Knetet den Ball wie einen Teig. Ausruhen

Abb. 159

Abb. 160

Abb. 161

Abb. 162

Abb. 163

auf dem Ball (Sitz drauf): Wer kann dabei abwechselnd ein Bein heben, ohne hinunterzufallen? Wer kann beide Beine heben? Plumps *(Abb. 161)*!

## Schlussteil

- *Abschlussspiel: Abwerfen mit Erlösen.* Ein Kind bis zwei Kinder werfen mit dem Ball die anderen Kinder ab. Alle reißen aus; wer abgeworfen ist, bleibt im Grätschstand stehen und wartet auf seine „Erlösung", also bis ein anderes Kind durch die gegrätschten Beine gekrabbelt ist. Die Abwerfer öfters auswechseln, da das Spiel nie (fast nie) zu Ende geht *(Abb. 162)*.

# Viele unterschiedliche Bälle ...

## Einleitung

Eine gleiche Anzahl von vier bis sechs verschiedenen Ballarten im Geräteraum bereithalten. Jedes Kind braucht einen Ball. Beispiele: Tischtennisbälle, Tennis-, Gymnastik-, Wasser-, Medizin- oder Schaumstoffbälle, Igel-, Moosgummi-, Riesen- oder Noppenbälle.

*Zunächst ohne Bälle ...*

- Zur Musik gehen, laufen, hüpfen, vor-, rück- oder seitwärts, mit Musikende:

Großen Kreis machen. Welche Form hat der Kreis? Ja, rund.

Großen Kreis machen, der sich dreht.

Viele kleine Kreise machen, die sich drehen.

Beides abwechselnd spielen. Die Kinder machen die Erfahrung von groß/klein.

- Einzeln so klein wie möglich machen: Hocke, zusammengerollt liegen usw.
- Mit Musikende „Rollen" (z. B. wie ein Baumstamm, in der Rolle vorwärts) *(Abb. 163)*.
- Mit Musikende „Hüpfen" (z. B. auf einem Bein oder zwei Beinen, am Ort oder vorwärts usw.).
- Ratet, mit welchem Gerät wir heute turnen werden? Es ist rund, kann groß und klein sein, kann hüpfen und rollen. Ja, es ist der Ball.

## Hauptteil

Damit es keine Rangeleien gibt, darauf hinweisen, dass die Bälle ständig gewechselt werden. Jedes Kind bekommt einen Ball und versucht, folgende Aufgaben zu lösen:

- Ball mit verschiedenen Körperteilen rollen. Auf ein Signal (Handklatsch/Tamburin usw.) Körperteil wechseln: Kopf, Hand, Fuß usw. *(Abb. 164)*.
- Verschiedene Wurfarten probieren: Hoch- oder wegwerfen, über die Schulter oder durch die Beine rückwerfen, mit den Füßen werfen usw.
- Ball fallen lassen, beobachten und mit dem eigenen Körper nachahmen *(Abb. 165)*.
- Ball auf verschiedene Körperteile legen: Kopf, Hand, Bauch, Rücken (z. B. im Liegen!), Fuß usw. Evtl. „transportieren" *(Abb. 166)*.
- Kleine Kreise bilden. Es darf aber in jedem Kreis jede Ballart nur einmal vertreten sein! Eigenen Kreis und Platz im Kreis merken. Innerhalb der Gruppen Ballwechsel, z. B. nach links abgeben, von rechts neuen Ball nehmen. Mit dem neuen Ball dieselben Aufgaben lösen, dann wieder Ballwechsel im selben Kreis usw., bis alle Bälle einmal „erfahren" wurden.

Abb. 164

Abb. 165

Abb. 166

## Schlussteil

In den kleinen Kreisen sitzen, die Bälle liegen in der Mitte. Jeder Ball wird einzeln einmal im Kreis herumgegeben, dann gerollt.

*Variante:* Jedes Kind entscheidet selbst über die Art der Weitergabe: Rollen, mit Händen oder Füßen weitergeben usw.

Die Kinder stellen sich in den Gruppen der Ballgröße nach nebeneinander, legen die Bälle der Größe nach nebeneinander, machen sich selbst in der Reihe entsprechend ihrem Ball groß oder klein. Das Kind mit dem größten Ball ist also auch das größte Kind am Anfang der Reihe, und die anderen Kinder machen sich entsprechend ihrer Ballgröße kleiner *(Abb. 167)*.

Bälle wegbringen. Die Leiterin hält von jeder Ballart einen zurück, alle sitzen im großen Kreis darum herum. Die Leiterin liest folgendes Gedicht vor, das die neuen Erfahrungen zusammenfasst.

Abb. 167

**Der Ball** von Karin Schaffner

Ein Ball ist groß, ein Ball ist klein,
mal ist er hart, mal weich und fein,
mal ist er rauh, mal ist er glatt,
ein and're viele Rillen hat.

Sie sind verschieden von Gewicht,
so mancher Ball ist nicht ganz dicht,
dann springt er nicht mehr in die Luft.
Verschieden ist sogar ihr Duft.

Sie gibt's in Rot, Gelb, Grün und Blau,
ja, manche sind auch schwarz, weiß, grau.
Auch wenn sie noch so kunterbunt,
ein jeder Ball ist – kugelrund!!!

### *Mit Reifen*

# Reifen, Reifen, lass dich greifen

## Einleitung

Soviel Reifen wie Kinder liegen zu mehreren Türmen aufeinander in der Mitte des Raumes. Pro „Turm" sind etwa acht bis zwölf Reifen aufeinandergelegt worden. Den Kindern sagen, dass die Stunde mit einer schwierigen Aufgabe beginnt. Der Hoffnung Ausdruck verleihen, dass die Kinder es schaffen werden, Rücksicht zu nehmen und zu „warten".

Zur Musik gehen, laufen und hüpfen. Mit Musikende wird der oberste Reifen eines jeden Turmes von je einem Kind abgenommen. Diese Kinder schlüpfen in ihren Reifen hinein, tragen ihn beidhändig seitlich gefasst und machen weiter bei der Aufwärmphase mit. Alle Kinder merken sich

Abb. 168

Abb. 169

Abb. 170

gut, den wievielten Reifen sie von welchem „Turm“ genommen haben. Weiter üben, bis alle Kinder einen Reifen haben *(Abb. 168)*.

- Mit den Reifen einen großen Kreis bilden, im Kreis drehen und das Reifenlied singen *(Abb. 169)*.

## Hauptteil

Wer eine Idee hat, darf sie vormachen und alle ahmen nach.

- *Reifen schieben (Abb. 170)*. Beispiele: Beim Vorwärtsgehen mit den Füßen schieben. Beim Vorwärtskrabbeln mit Händen, Ellenbogen, Schultern oder Kopf schieben. Im Sitz vorwärts rutschen und mit den Füßen schieben.
- *Reifen ziehen (Abb. 171)*. Beispiele: Rückwärtsgehend mit Zehen oder Fersen ziehen. In der Bauchlage rutschend nebenher ziehen. Beim Rückwärtskrabbeln mit Händen, Füßen oder Ellenbogen hinterherziehen.
- *Reifen mit verschiedenen Körperteilen tragen (Abb. 172). Beispiele:* Auf einem Finger, einer Hand, der Schulter, dem Kopf, dem Nacken, dem gebeugten Rücken, in der Rückenlage auf dem Bauch, in der Bauchlage auf dem Rücken.
- *Reifen rollen (konkrete Vorgaben)*. – Rollt den Reifen vorwärts und lauft hinterher. Rollt den Reifen behutsam vorwärts und überholt ihn. Rollt den Reifen vorwärts und lauft erst hinterher, wenn er still auf dem Boden liegt.

- *Reifen „verwandeln“ (Abb. 173). Beispiele: Lenkrad* – Im Laufen oder auf dem Po rutschend „Auto fahren“. Kreisel – Reifen zwirbeln. *Hüpfseil* – Reifen steht senkrecht auf dem Boden und wird beidhändig schulterbreit gefasst; hineinspringen, hinten hochkippen und über den Kopf wieder vorholen und absenken. Vogelnest – Reifen liegt am Boden, alle Kinder fliegen als Vögel herum und auf ein Zeichen ins „Nest“. *Hundehütte* – Hunde laufen herum und auf ein Zeichen in die „Hütte“. *Froschteich* – Frösche springen herum und auf ein Zeichen in den „Froschteich“. *Spazierstock* – Reifen als Spazierstock benutzen. *Fenster* – Reifen beidhändig breit gefasst; durch den Reifen hinausbeugen und wieder zurück. *Umhängetasche* – Reifen über die Schulter hängen und vorwärts gehen. *Bilderrahmen* – Reifen beidhändig breit gefasst; Mimik und Haltung zum Bild erstarrt; jeweils auf ein Signal Mimik in fröhlich, traurig und streng ändern.

Abb. 171

Abb. 172

Abb. 173

Abb. 174

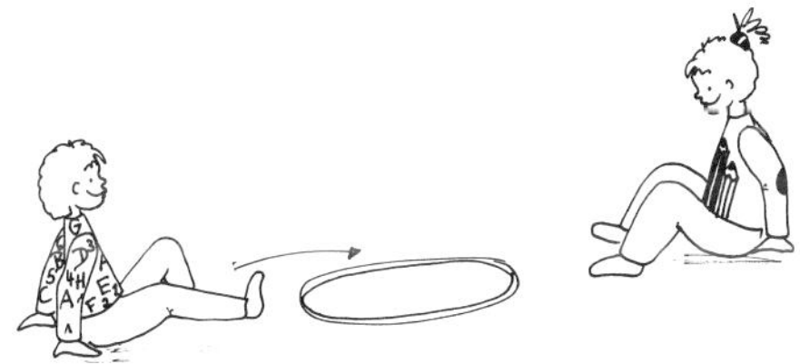

Abb. 175

## Schlussteil

Wisst ihr noch, an welcher Stelle die „Reifentürme“ lagen? Wisst ihr auch noch, an der wievielten Stelle euer Reifen lag, den ihr vom Turm genommen habt?

- Zur Musik gehen, laufen und hüpfen. Mit Musikende legen die Kinder, die als letzte einen Reifen hatten, ihre Reifen wieder an den ursprünglichen Platz. So lange üben, bis alle Reifen wieder an ihrem ursprünglichen Platz liegen und damit alle Türme wieder stehen. – Die Kinder ohne Reifen setzen sich mit Musikende in den Schneidersitz. Einen Kreis um die „Reifentürme“ bilden. Im Kreis drehen und Reifenlied singen.

**Reifenlied**

Reifen, Reifen, lässt dich greifen,
Reifen, Reifen, lässt dich dreh'n,
lässt dich rollen, schieben, zieh'n,
wenn wir mit dir spielen geh'n!

Melodie: „Ringlein, Ringlein ...“, siehe Seite 32 („Meine Hände, deine Hände“).

# Eins, zwei, drei Kinder an einem Reifen

## Einleitung

- Alle Kinder sitzen mit geschlossenen Augen. Der Übungsleiter kreiselt einen Reifen, und die Kinder hören dem kreiselnden Reifen zu, bis er ruhig liegt. Anschließend öffnen die Kinder die Augen und beschreiben, was sie gehört haben.
- Den Reifen nochmals kreiseln. Die Kinder sehen nun, was sie zuvor nur gehört hatten. Alle Kinder bekommen einen Reifen, die Reifen liegen gleichmäßig verteilt am Boden.
- Zur Musik um alle Reifen gehen, laufen, hüpfen. Auf Zuruf einer Zahl (eins bis fünf) springen entsprechend viele Kinder in einen Reifen.
- Alle Reifen ununterbrochen kreiseln, auf Zuruf zum eigenen Reifen zurück.
- Auf Zuruf kreiseln alle gleichzeitig ihren Reifen und laufen dann schnell nach außen. Von dort im Schneidersitz die kreiselnden Reifen beobachten, bis der letzte ruhig liegt, dann erst zum eigenen Reifen zurück. Mehrmals wiederholen.

## Hauptteil

*Ein Kind an einem Reifen*

- Kreiselt den Reifen und springt hinein *(Abb. 174)*.
- Könnt ihr mit dem Reifen seilspringen *(Abb. 174)*?
- Denkt euch Hüpfübungen am liegenden Reifen aus (z. B. mit geschlossenen Beinen, auf einem Bein in den Reifen hinein, vor- oder rückwärts wieder hinaus, im Pferdchensprung über den Reifen usw.).
- Balanciert auf dem Reifenrand *(Abb. 174)*.
- Lasst den senkrecht stehenden Reifen los und klatscht in die Hände. Könnt ihr den Reifen wieder fassen, bevor er umfällt? Könnt ihr statt Klatschen auch eine ganze Umdrehung machen?

*Zwei Kinder an einem Reifen*

- Schiebt euch den liegenden Reifen in der Bauchlage zu.
- In welchen Ausgangsstellungen geht das noch (Bankstellung, Sitz, Stand usw.)?

Abb. 176

Abb. 177

Abb. 178

- Könnt ihr euch den Reifen auch mit den Füßen zustoßen *(Abb. 175)*?
- In welchen Ausgangsstellungen geht das noch (Sitz, Stand usw.)?
- Rollt euch den Reifen zu.
- Spielt „Pferd und Kutscher": Pferde stehen im Reifen. Pferd und Kutscher galoppieren kreuz und quer. Mit Musikende oder auf Zuruf bleiben die Pferde stehen und die Kutscher fangen sich mit dem Reifen ein neues Pferd. Rollenwechsel *(Abb. 176)*.

*Drei oder vier Kinder an einem Reifen*

- Versucht mit dem Reifen „Karussell" zu fahren (Reifen rechts gefasst im Kreis laufen – Reifen beidhändig gefasst Seitgalopp – mit dem Rücken zum Reifen, diesen beidhändig gefasst im Kreis drehen, *Abb. 177*).
- Gebt den Reifen ununterbrochen beidhändig gefasst im Kreis herum *(Abb. 178)*.
- Könnt ihr den Reifen auch ohne Hände drehen? Z. B. mit Handfassung der Kinder den Reifen mit den Körpern haltend. Der Kreis dreht sich langsam mit dem Reifen usw. *(Abb. 179)*.
- Lasst euch gegenseitig durch den Reifen schlüpfen, der Reifen kann senkrecht oder waagerecht gehalten werden *(Abb. 180)*.
- Hebt und senkt den beidhändig gefassten Reifen in der Bauchlage. In welcher Ausgangsstellung geht das noch (Sitz, Stand, Kniestand usw.)? Den Reifen immer so hoch und so tief wie möglich führen *(Abb. 181)*.
- Geht das auch ohne Hände (z. B. mit den Füßen im Stand. *Abb. 181*)?
- Laufspiel: Immer drei Kinder sind in einem Reifen, ein Kind ist übrig, geht um die Reifen herum und ruft plötzlich „wechseln!". Auf dieses Signal suchen sich alle Kinder einen neuen Reifen und neue Partner, auch das übrige Kind. Wer übrigbleibt, wird der neue „Rufer" *(Abb. 182)*.

## Schlussteil

- *Geschichte „Der Familienausflug"*

*Ablauf:* Die Kinder sitzen in Fünferreihen hintereinander, Vater, Mutter, Kinder, Hund, im Abstand dazu liegt ein Reifen. Immer wenn das Wort „Vater" kommt, läuft der Vater um den Reifen, bei „Mutter" die Mutter usw. Bei dem Wort „Familie" läuft die ganze Familie (aber ohne Hund).

Abb. 179

Abb. 180

Abb. 181

Abb. 182

Abb. 183

Abb. 184

*Geschichte:* Es ist Samstag. Der Vater wacht auf, macht sich fertig und geht mit Lumpi, dem Hund der Familie, Milch und Brötchen einkaufen. Die Mutter macht inzwischen den Kaffee, und die Kinder flitzen ins Badezimmer zum Zähneputzen. Als der Vater zurückkommt, frühstückt die ganze Familie. Dann bekommt Lumpi sein Futter.

Die Mutter holt das Auto aus der Garage, und die Kinder mit Lumpi krabbeln auf die Rücksitze. Auf dem Beifahrersitz nimmt der Vater Platz. Kaum sind sie unterwegs, da müssen die Kinder aufs Klo, und die Mutter lenkt das Auto auf einen Parkplatz. Als sie wieder abfahren wollen, ist Lumpi verschwunden. Die ganze Familie geht auf die Suche. Wo steckt der Schlingel nur? Vater und Mutter entdecken ihn schließlich im Auto, und die Fahrt kann weitergehen.

Endlich kommen sie am Ziel an. Die Familie steigt aus dem Auto und geht in das Wollgeschäft. Jeder bekommt etwas gekauft: Der Vater einen warmen Pulli, die Kinder bekommen warme, bunte Jacken, die Mutter kauft sich ein molliges Kleid, und Lumpi bekommt eine neue Decke für sein Körbchen.

Dann fahren die ganze Familie und Lumpi wieder heim. Die Kinder sind müde, und Vater legt sich gleich aufs Sofa. Lumpi zerrt seine neue Decke durch die Wohnung, und die ganze Familie schaut glücklich zu. Das war ein schöner Tag, und Lumpi bellt begeistert „wauwau“. Je nach Jahreszeit den Einkauf verändern!

# „Die Hexe und der Rabe“

## Einleitung

*„Hexenzauberei“*

*Hexenlied:* Hixe, haxe, hex, ich bin die Rabulex (16 Takte), der Rabe Krahkrah-a ist auch wieder da (16 Takte)!

*Spielvorschlag:* Offene Aufstellung 16-mal in der Hocke abwechselnd links und rechts auf den Boden patschen, dann auf 16 Takte herumlaufen und mit den Armen „flattern“. Mehrmals spielen.

## Hauptteil

*Soviel Reifen wie Kinder gleichmäßig am Boden verteilt auslegen.*

### Teil A

- Zur Musik um alle Reifen gehen, laufen, hüpfen, vor-, rück- oder seitwärts. Mit Musikende schnell in irgendeinen Reifen setzen. Mehrmals wiederholen. In die Mitte kommt ein weiterer Reifen als „Spielzeugkiste“ mit verschiedenen Spielsachen: Auto, Ball, Kasperl, Krokodil, Hampelmann, Roboter, Flugzeug, Eisenbahn, Indianer, Hüpfseil, Teddybär, Pferdchen usw. – *Das ist die Spielzeugkiste des Raben Krahkrah*.
- Zwei Kinder werden als Hexe Rabulex und Rabe Krahkrah bestimmt. Der Rabe setzt sich zu seinen Spielsachen, die Hexe tanzt um ihn herum und spricht: „Ich bin die Hexe Rabulex und habe einen Raben. Ich zaubere so hixhaxhex, was will er gerne haben?“ *(Abb. 183)*.
- Der Rabe hebt ein Spielzeug hoch, z. B. das Auto und ruft: „Viele Autos, krahkrahkrah!“
- Die Hexe verzaubert alle Kinder: „Hixhaxhex, schon sind sie da!“ Alle Kinder sind Autos. Es gibt verschiedene Möglichkeiten, „Auto“ zu spielen. Alle gelten lassen! Beispiele: Den Reifen als Lenkrad benutzen und damit herumlaufen *(Abb. 184, linke Figur)*. In den Reifen hineinschlüpfen und damit herumlaufen oder auf dem Po vorwärtsrutschen *(Abb.*

Abb. 185

Abb. 186

*184, rechte Figuren)*. Ohne Reifen herumlaufen oder -rutschen.

- Nun dürfen zwei andere Kinder Hexe und Rabe sein, usw. Solange spielen lassen, bis alle Spielzeuge wenigstens einmal dargestellt wurden (Abb. 185). Hexe und Rabe vergnügen sich mit den verzauberten Spielsachen-Kindern, schieben ein „Auto“ an, rollen einen „Ball“, reißen vor den Krokodilen aus oder ahmen sie nach. Frei gestalten lassen.

**Teil B**

- Zur Musik um alle Reifen gehen, laufen oder hüpfen. Mit Musikende zu Paaren in einem Reifen zusammenfinden.

- Wie vor, aber Hexe und Rabe gehen mit Handfassung um alle Reifen. Mit Musikende kommen sie an einen Spielplatz: Sie fahren zu zweien Karussell mit dem Reifen *(Abb. 186)*. Beispiele: Mit rechts gefasstem Reifen im Kreis laufen. Reifen beidhändig gefasst: Seitgalopp im Kreis – ein Kind mit beidhändig gefasstem Reifen im Reifen, das andere Kind außerhalb des Reifens. Den Reifen links gefasst: Das innere Kind dreht sich am Ort, das äußere Kind geht, läuft oder hüpft außen herum.

- Sie wippen mit dem Reifen *(Abb. 187)*.

- Sie krabbeln durch eine lange Röhre *(Abb. 188)*. Die Hexen stehen nebeneinander und halten ihre senkrecht am Boden stehenden Reifen. Durch die so entstandene Röhre krabbeln alle Raben. Wechseln.

- Kreisel-Zauber. Jedes Kind hat einen Reifen senkrecht am Boden stehen. Die Leiterin ruft: „Hixhaxhex!“ Auf „hex“ werden alle Reifen ununterbrochen gezwirbelt. Die Kinder laufen herum und passen auf, dass kein Reifen zu Boden geht. Solange zwirbeln, bis die Leiterin den Zauber beendet.

- Auf „hex“ den eigenen Reifen einmal zwirbeln, dann schnell auf die Hallenseiten laufen und im Schneidersitz die Reifen beobachten. Still sitzen bleiben, bis der letzte Reifen ruhig liegt. Mehrmals wiederholen und dann alle Reifen wegräumen.

Abb. 187

Abb. 188

Abb. 189

## Schlussteil

Hexenlied wie in der Einleitung beschrieben, zusätzlich Vers 2:

Hixe, haxe, hex, ich bin die Rabulex,
der Rabe Krahkrah-a ist auch wieder da.

Hixe, haxe, hex, ich bin die Rabulex,
ich hexe euch raus, die Turnstund' ist aus!

### *Mit Seilen*

# Mit den Füßen fühlen, tasten und greifen

## Einleitung

- Zur Musik gehen, laufen, hüpfen, vor-, rück- oder seitwärts. Bei Musikende schnell eine Position einnehmen, bei der die Fußsohlen nicht mehr den Boden berühren. Jedesmal eine neue Stellung ausdenken *(Abb. 190)*.

## Hauptteil

- *Alle Kinder sitzen auf dem Boden*. Im Wechsel Füße anziehen und strecken. Fersen aufstellen und Füße schnell hin- und herbewegen; Füße aufstellen und mit den großen Zehen wackeln; Zehen spreizen und zusammenkrallen; in die Fußsohlen klatschen *(Abb. 191)*; abwechselnd Fersen und Zehen auf den Boden tippen *(Abb. 191)*; Ballen aufstellen und mit den Fersen wippen. Zwischen den einzelnen Übungen immer wieder die Füße ausschütteln.
- *Regenspiel*. Es tröpfelt, es regnet, es gießt, es blitzt, es donnert, dann scheint die liebe Sonne wieder, und alle Kinder freuen sich. Ablauf: Im Sitz mit den Füßen erst leise, dann immer lauter auf den Boden tippen und trommeln. Beim Blitz die Füße ruckartig nach oben stoßen, dann mit den Fersen auf den Boden „donnern". Mit den Füßen einen großen Kreis (Sonne) in die Luft malen und anschließend in die Füße „klatschen".
- *Jedes Kind bekommt ein Seil*. Mit den Füßen aus dem Seil einen Kreis legen. Im Ballengang um den Kreis gehen, dasselbe im Fersengang; auf dem Seil entlang balancieren, vor- und rückwärts *(Abb. 192)*; im „Raupengang" um den

Abb. 190

Abb. 191

Abb. 192

Abb. 193

Abb. 194

Abb. 195

Kreis gehen; im Kreis mit den Fersen wippen; Fersen- und Ballenstand im Wechsel (die Füße schaukeln); verschiedene Sprünge am Seilkreis ausführen, z. B. vor-, rück- oder seitwärts, auf beiden Beinen oder einem Bein *(Abb. 192)*. Das Seil mit den Zehen fassen, aufheben und fallen lassen; mit den Zehen in die Hand übergeben; beim Rückwärtsgehen hinterherziehen *(Abb. 193)*. Alle Übungen mit beiden Füßen ausführen.

- *Telefonspiel*. Jedes Paar erhält ein Seil. Im Sitz klemmt jedes Kind ein Seilende zwischen die Zehen und hält die Fußsohle ans Ohr: „Hallo, hallo?" *(Abb. 194)*. Alle Seile an die Seite legen.

- *Gleichgewichtsübungen*. Zur Musik – auf einem Bein stehend – ununterbrochen bewegen, ohne das Gleichgewicht zu verlieren. Bei Musikunterbrechung auf das andere Bein wechseln. Mehrmals üben *(Abb. 195)*.

- Könnt ihr auch unbeweglich auf einem Bein stehen? Das ist viel schwerer!

- Mit den Fußsohlen die Verbindung zur Erde spüren: Bequemer Stand (Beine nicht geschlossen), die Füße sind am Boden wie „festgeklebt". Ständiges Gewichtsverlagern, dabei leicht hin- und herwiegen. Das gleiche, aber vor- und rückwärts. Probiert es auch mit geschlossenen Augen.

Abb. 196

### Schlussteil

- *Wir gehen über eine „Fühlstraße"*. Langen Weg aus verschiedenen Materialien bauen, z. B. mit Frotteehandtuch, Sisalfußabstreifer, Steinen, Wollschal, Holzwolle (auf Zeitungsunterlage), Styroporplatte, Wellpappe, Seilknäueln usw. Zu Paaren zusammengehen und sich mit geschlossenen Augen über den Weg führen lassen. Dabei intensiv mit den Fußsohlen fühlen. Wie fühlen sich die Materialien an *(Abb. 196)*?

## Was man mit einem Seil alles machen kann

### Einleitung

*Übungen ohne Seil*

- Zur Musik gehen, laufen, hüpfen, vor-, rück- oder seitwärts, mit Musikende zum Stand kommen. Macht euch im Stand so lang wie möglich (Arme in Hochhalte, Ballenstand) und fühlt die Spannung in eurem Körper. Lasst euch auf ein Signal (Klatsch oder Pfiff) entspannt in die Hocke zusammenfallen. Mehrmals wiederholen.

- Wie vor, aber mit Musikende in der Bauch-, Rücken- oder Seitenlage so lang wie möglich machen und auf das Signal entspannen.

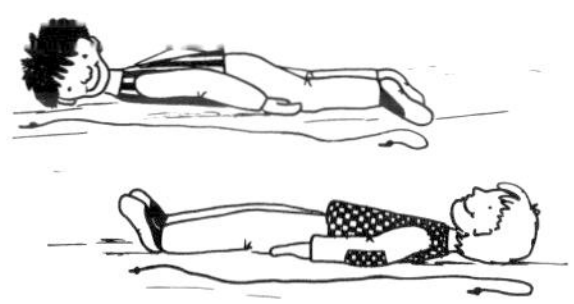

Abb. 197

Abb. 198

Abb. 199

## Hauptteil

Wir turnen heute mit einem Gerät, das sehr lang und dünn ist, man kann es auch zusammenlegen oder -knüllen. – Die Kinder raten lassen: Das Seil – Dann Seile austeilen und lang auf den Boden legen lassen.

- Legt euch neben euer Seil und schaut, ob ihr länger seid als das Seil. Schlagt das obere Seilende um, so dass das Seil eure Größe hat *(Abb. 197)*.
- Um alle Seile laufen, auf ein Signal schnell wieder neben das eigene Seil legen.
- Wie vor, aber jedes Kind darf sich dazu eine besondere Fortbewegungsart ausdenken (humpeln, schlurfen, tippeln, auf einem oder beiden Beinen hüpfen, kriechen).
- Das lange Seil ziehen und dabei mit verschiedenen Körperteilen fassen oder zwischen zwei Körperteile klemmen. Könnt ihr dabei auch noch verschiedene Ausgangspositionen einnehmen *(Abb. 198)*? *Beispiele:* Das Seil mit Händen oder Zehen greifen, zwischen Kniekehle oder unter das Kinn klemmen und dabei in Bauch-, Rücken- oder Seitenlage, in Bankstellung oder im Sitz fortbewegen.
- Das Seil transportieren, ohne dass es den Boden berührt *(Abb. 199)*. *Beispiele:* Das Seil zusammengeknüllt in Hochhalte oder auf verschiedenen Körperteilen tragen und dabei in verschiedenen Ausgangspositionen fortbewegen.
- Den „Seilball" werfen. *Beispiele:* Das Seil zusammengeknüllt fortwerfen und hinterherlaufen. – Den Seilball hochwerfen und versuchen zu fangen. – Den Seilball hochwerfen und fallen lassen. Die am Boden entstandene Form betrachten und mit dem Finger an einem Seilende beginnend die Form bis zum anderen Ende „nachfahren" *(Abb. 200)*.
- Balancieren auf dem lang ausgelegten Seil. *Beispiele:* Auf dem Seil entlang balancieren, vor-, rück- oder seitwärts. – Wie vor, aber mit geschlossenen Augen. – Könnt ihr euch auch in der Bankstellung bei geschlossenen Augen mit den Händen am Seil entlang tasten *(Abb. 201)*?
- Fortbewegungsarten am Seilweg *(Abb. 202)*. *Beispiele:* Auf Händen und Füßen über das Seil gehen, dabei liegt das Seil zwischen den Händen und zwischen den Füßen. – Zickzackhüpfen am Seil entlang auf einem Bein oder beiden Beinen. – Stand neben dem Seil, Hände auf der anderen Seilseite aufstützen und mit Nachstellschritten der Hände

Abb. 200

Abb. 201

Abb. 202

Abb. 203

Abb. 204

Abb. 205

und Füße am Seil entlanggehen. – Seilüberhüpfen und Nachstellschritt im Wechsel bis zum anderen Seilende.

## Schlussteil

- Aus allen Seilen einen langen, kurvigen Weg legen, der am Hallenausgang endet. Ein Kind nach dem anderen legt sein Seil an. In einer freigewählten Gangart darf nun jedes Kind den langen Seilweg passieren und in den Umkleideraum gehen *(Abb. 203)*.

# Spielen und üben zu zweit mit einem Seil

## Einleitung

*Übungen ohne Seil*

- Zur Musik einzeln gehen, laufen, hüpfen, vor-, rück- oder seitwärts. Mit Musikende zu Paaren zusammenkommen, sich umarmen bis zum erneuten Einsatz der Musik.
- Weitere Positionen gemeinsam mit den Kindern ausdenken, z. B. mit Musikende Rücken an Rücken sitzen, Hände aneinanderpressen, Fußsohlen aneinander „kleben“, aufeinanderlegen, Pferd und Reiterposition einnehmen, kleine Finger einhaken *(Abb. 204)*.

## Hauptteil

*Partnerspiele mit einem Seil*

- *Pferd und Kutscher*. Kind A hat die Mitte des Seiles vor dem Körper gefasst, Kind B steht, beide Seilenden gefasst, dahinter. Der „Kutscher“ lässt sein „Pferd“ traben und galopphüpfen, anhalten. Wechseln der Rollen.
- *Telefonspiel*. Im Sitz haben beide Kinder je ein Seilende mit einem Fuß (den Zehen) gefasst. Den „Hörer“ (Fußsohle) ans Ohr und telefonieren: „Hallo, hallo!“ – Fußwechsel!
- *Seiltreten*. Kind A schlängelt das Seil hinter sich her und Kind B versucht, darauf zu treten *(Abb. 205)*. Wechseln der Rollen.
- *Herr und Hund*. Der „Hund“ hat das Seil unter dem Bauch durchgezogen und wird vom „Herrchen oder Frauchen“ spazierengeführt. Der Hund möchte ab und zu mal rennen, stehenbleiben, an „Herrchen oder Frauchen“ hochspringen und gestreichelt werden *(Abb. 206)*. Wechseln der Rollen.
- *Abschleppdienst*. Das „Auto“ ist auf der Strecke liegengeblieben. Kind A befindet sich im Sitz, in der Bauch- oder Rückenlage. Der „Abschleppdienst“ kommt, das Abschleppseil wird befestigt und das Auto wird abgeschleppt. Wechseln der Rollen.
- *Cowboyspiel*. Die „Cowboys“ (alle A-Kinder) sitzen mit den Seilen am Rand. Die „Pferde“ (alle B-Kinder) laufen oder springen zur Musik herum. Mit Musikende starten die „Cowboys“ und versuchen, mit dem Seil ein „Pferd“ zu fangen *(Abb. 207)*. Wechseln der Rollen.

*Übungen mit einem Seil*

Tragt das Seil an den Enden gefasst spazieren und denkt euch weitere Möglichkeiten aus (das Seil soll aber immer mit den Händen gefasst bleiben). Hier ein paar Beispiele:

Abb. 206

Abb. 207

Abb. 208

- Das Seil hängt locker zwischen den Kindern oder das Seil ist immer straff gespannt. Die Kinder rutschen dabei in Sitz-, Bauch- oder Rückenlage am Boden *(Abb. 208)*.
- Gehen und das Seil straff gespannt tragen. Könnt ihr dabei über die tiefgehaltenen Seile der anderen Kinder steigen und über euer Seil auch steigen lassen *(Abb. 209)*? Könnt ihr dabei unter den hochgehaltenen Seilen der anderen Kinder hindurchgehen und auch selbst euer Seil für die anderen Kinder mal hochhalten?
- Bisher habt ihr das Seil immer mit den Händen gehalten. Könnt ihr das Seil transportieren und dabei andere Körperteile benutzen *(Abb. 210)*? – Die Kinder werden das Seil unter das Kinn oder den Arm, zwischen Ellenbeuge oder Kniekehle klemmen oder mit den Zehen fassen und dabei die verschiedensten Ausgangspositionen anwenden.

## Schlussteil

*„Ich und du"*

Weitere Seile und Kleinmaterialien wie Steinchen, Korken, Muscheln, Säckchen und kleine Ringe bereithalten.

- Kind A legt sich in Bauch- oder Rückenlage auf den Boden, Arme und Beine leicht gespreizt. Kind B legt mit Seilen die Körperform genau nach. Wechseln der Rollen. Beide Körperformen liegen lassen! Zur Musik hüpfen alle im Raum herum, und mit Musikende werden vorsichtig fremde Körperformen durch Hineinlegen „ausprobiert". Zuletzt sind wieder alle Kinder bei ihrer eigenen Körperform und dürfen sie mit den Kleinmaterialien ausgestalten *(Abb. 211)*. – Gemeinsam werden die Formen betrachtet.

- Dazu passt noch folgendes Klatschspiel.

*„Ene mene mimamu*
*ich bin ich und du bist du.*
*Ene mene mimamaus*
*nun geh'n wir zu zweit hinaus."*

Stand gegenüber. Zwei Klatscher auf die Oberschenkel (Ene mene), zwei Klatscher in die Partnerhände (mimamu), am Ort drehen (ich bin ich und), zwei Klatscher auf die Oberschenkel (du bist), ein Klatscher in die Partnerhände (du). – Im zweiten Vers analog verfahren.

Abb. 209

Abb. 210

Abb. 211

Abb. 212

Abb. 213

Abb. 214

# „Der Zauberer Fidibus und seine Schlange“

## Einleitung

Dieselbe Anzahl Seilknäuel wie Kinder liegen kreuz und quer am Boden in der Halle verteilt.

- Die Kinder gehen, laufen, hüpfen (vor-, rück- oder seitwärts) zur Musik um die Seile, ohne eins zu berühren *(Abb. 212)*. Jedes Kind legt mit Musikende aus einem Seil einen Kreis. Mit dem zweiten Musikende legen je zwei Kinder aus je zwei Seilen einen Kreis *(Abb. 213)*; mit dem dritten Musikende legen drei Kinder aus drei Seilen einen Kreis. Je nach Alter und Leistungsvermögen der Kinder bei „drei“ aufhören oder bis „fünf“ weitermachen. Zuletzt legen alle Kinder aus allen Seilen einen großen Kreis.
- Wieviel Seile hatten wir beim kleinsten Kreis? Ein Seil! Wieviel Seile haben wir beim größten Kreis? Fünfzehn Seile (die entsprechende Zahl nennen)!
- Nun versuchen wir das gleiche ohne Seile. Die Kinder gehen, laufen oder hüpfen zur Musik im großen Seilkreis. Mit Musikende führen je zwei Kinder einen Handkreis aus, beim nächsten Mal drei Kinder *(Abb. 214)*. Zuletzt bilden alle Kinder einen großen Handkreis.
- Wieviel Kinder hatten wir beim kleinsten Kreis und wieviel waren es beim größten Kreis? Ist der Seilkreis größer oder der Handkreis? Der Seilkreis!

## Hauptteil

*„Der Zauberer Fidibus und seine Schlange“*

- Die Übungsleiterin legt aus ihrem Seil eine „Schlange“ und lässt die Kinder das Tier erraten *(Abb. 215)*. Wir „turnen“ heute eine Geschichte, in der eine Schlange vorkommt. Sie ist das Haustier eines Zauberers.
- Nehmt euch ein Seil, baut ein Haus (Kreis) und legt euch hinein *(Abb. 216)*.

*Die Geschichte*

- Der Zauberer Fidibus schläft in seinem Schlangenhaus. Langsam wird er wach, dehnt und streckt sich (bewegen

Abb. 215

Abb. 216

Abb. 217

Abb. 218

Abb. 219

Abb. 220

wie beschrieben) und schaut aus dem Fenster (über den Seilrand beugen, nach links und rechts schauen). „Aha, schönes Wetter." Er beschließt, mit seiner Schlange einen Spaziergang zu machen (Seil an einem Ende gefasst hinterherziehen) und trifft unterwegs viele andere Zauberer mit ihren Schlangen. Natürlich passen sie alle auf, dass sie auf keine Schlange treten *(Abb. 217)*!

Nach einiger Zeit fragt die Schlange den Zauberer: „Kannst du mich wirklich immer nur im Gehen und mit einer Hand hinter dir herziehen?" Die Schlange kommt nun aus dem Staunen nicht mehr heraus, so viele gute Ideen hat der große Zauberer.

- Die Kinder fassen das Seil mit den Zehen, nehmen es unter das Kinn, klemmen es in die Ellenbeuge oder Kniekehle, zwischen die Knie, zwischen Hand und Knie oder zwischen andere Körperteile. Sie nehmen dabei die verschiedensten Ausgangsstellungen ein, z. B. Bauch- und Rückenlage, Sitz, Bankstellung und ziehen die „Schlange" hinter sich her *(Abb. 218)*.

- Als die Schlange müde wird, trägt er sie zusammengerollt auf den Händen. Nach einiger Zeit will sie ganz hoch getragen werden, damit sie weit sehen kann. Tragt das Seil in Hochhalte im Ballengang *(Abb. 219)*.

- Als sie an einen Fluss ohne Brücke kommen, zaubert sich der Zauberer eine Schlangenbrücke, auf der er vergnügt vor- und rückwärts balanciert *(Abb. 220)*. Das gefällt der Schlange, und sie bittet den Zauberer: „Kannst du nicht noch mehr Turnübungen mit mir machen?" Das lässt sich der Zauberer nicht zweimal sagen.

- Die Kinder denken sich Hüpfübungen am langen Seil oder am Seilkreis aus, z. B. Schluss- oder Schrittsprünge, Zickzackhüpfer vor-, rück- oder seitwärts; sie werden am Seil entlangrutschen oder -krabbeln; sie werden das Seil schaukeln, baumeln und kreisen lassen; zusammenfalten oder sogar Seilhüpfen versuchen. Eventuell greift die Übungsleiterin lenkend ein, gibt Anregungen oder zeigt den Beginn einer neuen Übung durch Signal an *(Abb. 221)*.

- Der Zauberer wird langsam müde, und damit er ein bisschen Ruhe hat, verzaubert er seine Schlange in ein anderes Tier. Die Kinder kurz nachdenken und anschließend aus den Seilen Tierformen legen lassen, z. B. eine Schnecke, einen Schmetterling, ein Krokodil, eine Katze (Abb. 222).

Abb. 221

Abb. 222

Abb. 223

Abb. 224

Abb. 225

Die Zauberer gehen herum und schauen sich die vielen verzauberten Tiere an.

- Es wird Abend und die beiden müssen langsam nach Hause. Simsalabim – aus dem verzauberten Tier wird wieder eine Schlange! Dann gehen sie heim (vorwärts gehen und das Seil hinterher schlängeln). Ach, ist das ein weiter Weg! Das letzte Stück reiten sie durch die Lüfte (das Seil zwischen den Beinen durchziehen und laufen oder Galoppsprünge ausführen.

Müde kommen sie zu Hause an, der große Zauberer baut sich gleich sein Schlangenhaus und legt sich hinein. Wenn ihr ganz genau hinhört, könnt ihr den großen Zauberer schnarchen hören (chrrrr).

## Schlussteil

- Seile einsammeln. Alle Kinder fassen sich zur langen Schlange an den Händen. Zur Musik geht die Riesenschlange spazieren, ringelt sich ein und wieder aus und wandert zuletzt in den Umkleideraum.

# Wie bewegen sich Tiere?

## Einleitung

Im Raum verteilt liegen, entsprechend der Kinderzahl, Seilhäufchen.

- In Kurven um alle Seilhäufchen gehen, laufen, hüpfen, vor-, rück- oder seitwärts. Mit Musikende schnell zu einem Seilhäufchen laufen, einen Seilkreis als Haus bauen und hineinsetzen *(Abb. 223)*.

- Das Seilhäufchen sah aus wie eine Schlange. Kriecht selbst wie Schlangen umher und auf Zuruf ins „Schlangenhaus". Könnt ihr euch dort so klein zusammenrollen, dass nichts von euch über den Seilrand hinausschaut? Wiederholen der Übung, wenn euch andere Schlangen begegnen, begrüßt ihr sie, indem ihr entweder über sie hinwegkriecht oder sie über euch kriechen lasst.

- Auch andere Tiere wollen die Welt entdecken und Freunde treffen. Vorschläge der Kinder werden aufgenommen, z. B. Hunde laufen umher und auf Zuruf schnell in ihre Hundehütte, Vögel fliegen aus dem Nest, Pferde galoppieren über die Wiese oder Hähne stolzieren aus dem Stall, Katzen schleichen aus dem Körbchen, Mäuse kommen schnuppernd aus dem Loch, Frösche hüpfen aus dem Teich, Bienen fliegen aus dem Bienenhaus. – Denkt euch zur Begrüßung der anderen Tiere lustige Formen aus, z. B. Nasen oder andere Körperteile aneinanderreiben, klatschen oder tippen *(Abb. 224)*.

## Hauptteil

- Die Tiere probieren Kunststücke am Seilkreis aus, z. B. Pferde überspringen den Kreis. Frösche hüpfen hinein und hinaus. Hühner balancieren auf dem Seil. Hunde laufen mit den Vorderpfoten um den Kreis, während die Hinterbeine im Kreis bleiben. Die Mäuse probieren es genau umgekehrt. Die Krebse gehen im Krebsgang mit dem Bauch nach oben. Die Katzen sitzen im Körbchen und putzen sich *(Abb. 225)*.

- Alle Kinder erhalten ihr Seil und dazu ein Kärtchen mit einem Tierbild. Jedes Tier sollte wenigstens dreimal vertreten und den Kindern in Bewegungsablauf und „Sprache" bekannt sein. Wenn alle Kinder ein Kärtchen erhalten haben, versuchen sich die jeweiligen Tierfamilien bellend, miauend und wiehernd zu finden *(Abb. 226)*. Nachdem sie

Abb. 226

Abb. 227

Abb. 228

sich gefunden haben, bauen sie sich aus ihren Seilen ein gemeinsames „Haus“ und setzen sich hinein. Die Leiterin stellt die Gruppen den anderen Tieren vor und ruft z. B. die Hundefamilie auf, die sofort bellend herauskommt, um alle anderen Behausungen herumläuft und wieder in der eigenen Hütte verschwindet.

- Tanzshow der Tiere. Der Reihe nach bleibt jede Gruppe einmal in ihrer Behausung und stellt die Zuschauer dar. Alle anderen tanzen zur Musik, führen artistische oder lustige Einlagen aus. Sicher gibt es rauschenden Beifall, verbunden mit Bellen, Piepsen und Grunzen *(Abb. 227)*.

## Schlussteil

*Aus Seilen gelegte Tierformen erraten, nachlegen und gemeinsam die entsprechende Gruppentierform legen.* Die Leiterin legt aus ihrem Seil eine Schlange, die Kinder erraten das Tier und legen die Form nach. Anschließend versuchen wir es mit der Schnecke *(Abb. 228)*. – Danach legen die Gruppen aus ihren Seilen gemeinsam „ihre“ Tierform *(Abb. 229)*. Alle Kinder begutachten „ihre Kunstwerke“. – Dann gehen die Tierfamilien gemeinsam in den Umkleideraum.

Abb. 229

***Mit Stäben***

# Auf dem „Trimmpfad“

## Einleitung

Verteilen der „Wander“stäbe. Gespräch über Trimmpfad. Wie kommen wir am besten zum weit weg gelegenen Trimmpfad? Vorschläge der Kinder diskutieren: Zu Fuß – mit dem Fahrrad? Da sind wir ja schon müde, wenn wir ankommen! – Mit dem Auto? Das ist nicht umweltfreundlich! Mit der Eisenbahn? Ja! Also auf zum „Bahnhof“!

- Zur Musik mit dem „Wander“stab gehen, einzeln, zu Paaren oder Dreien, auf der Kreislinie oder umeinander herum *(Abb. 230)*.
- Blick auf die Uhr: Wir müssen uns beeilen, sonst verpassen wir den Zug! Bisher sind wir langsam gegangen, nun gehen wir schnell.

Abb. 230

Abb. 231

Abb. 232

Abb. 233

- Blick auf die Uhr: Wir müssen noch schneller werden! Passt aber auf eure Wanderstäbe auf. Rennen, ohne an ein anderes Kind zu stoßen oder den Stab zu verlieren.
- Am „Bahnhof“ zu Paaren „Eisenbahnen“ bilden: Stand hintereinander, die beiden Stäbe links und rechts an den Enden gefasst. Während der „Fahrt“ die Stäbe gegengleich vor- und rückschwingen, dabei vorwärts bewegen *(Abb. 231)*.
- Die Eisenbahnen können langsam fahren (in langen Kurven oder bergauf), stehenbleiben, wenn Stellwerke dies gebieten, schnell fahren (bergab), sie können über Brücken (auf der Langbank entlang) oder durch Tunnels fahren (wenn die Kinder in fließendem Wechsel mit den Stäben einmal Tunnels bilden, einmal Eisenbahn sind). Am Ziel aussteigen. Dazu evtl. das Eisenbahnlied singen oder spielen (Vers 1–3).

**Eisenbahnlied**

1. Uns're Eisenbahn steht wartend auf dem Gleis:
Eingestiegen, aufgepasst, denn gleich beginnt die Reis'.
Schaffner nimmt die Pfeife, schrill erklingt ihr Ton,
und dann fährt die Eisenbahn sch-sch-schon.

Abb. 234

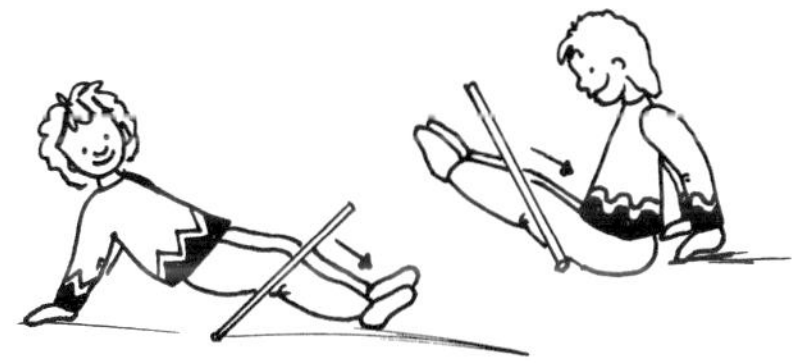

Abb. 235

Abb. 236

2. Uns're Eisenbahn flitzt aus der Stadt hinaus,
links und rechts nur Bäume stehen, nirgendwo ein Haus,
mal kommt eine Brücke, mal kommt ein Tunnel,
und wir fahren wie der Blitz sch-sch-schnell.

3. Mit der Eisenbahn sind wir nun auch bald da.
Rausgeschaut und aufgepasst, der Bahnhof ist schon nah.
Endlich fährt sie bremsend langsam ein ins Ziel,
und am Bahnhof steht sie dann sch-sch-still.

4. Aus der Eisenbahn drängt alles rasch hinaus,
müde denken alle schon ans Bett und an zu Haus,
winken noch dem Schaffner „Wieder-wiedersehn",
denn der Ausflug war gewiss sch-sch-schön!

Aus „Die Welt ist schön 2" von Karin Schaffner, Pohl-Verlag.

## Hauptteil

- Mit Musik gehen wir zur ersten Trimmstation: In Kurven umeinandergehen. Mit Musikende gleichmäßig verteilt im Raum stehenbleiben. Mit dem Stab eine Trimmübung machen, mit erneuter Musik den eigenen Stab liegenlassen und eigene Fortbewegungsart ausdenken, z. B.: Rück- oder seitwärtsgehen, Hüpfen auf einem oder beiden Beinen, Gehen auf Händen und Füße usw. *(Abb. 232)*. Mit Musikende eine neue „Station" suchen und eine Trimmübung mit dem Stab machen.

*Trimmübungsbeispiele*

- Zickzackhüpfen über den liegenden Stab *(Abb. 233)*.
- Stab senkrecht stellen, am oberen Ende gefasst und durch das Tor, das Stab und Körper bilden, hindurchschlüpfen *(Abb. 234)*.
- Stab beidhändig quer gefasst: Hochwerfen und fangen.
- Seitwärtsgehend über den liegenden Stab balancieren.
- Rückenlage: Beine abwechselnd zum hochgehaltenen Stab spreizen.
- Grätsch- oder Strecksitz: Den auf den Beinen querliegenden Stab hin- und herrollen lassen, dabei abwechselnd Becken und Beine heben und senken *(Abb. 235)*.
- Stab steht senkrecht am Boden, am oberen Ende beidhändig gefasst: Loslassen, in die Hände klatschen und Stab wieder fassen *(Abb. 236)*.
- In Schrittstellung über dem liegenden Stab stehen: Schrittwechselhüpfen usw.

## Schlussteil

Wer weiß noch, wo der eigene Wanderstab hingelegt wurde? Zum Bahnhof zurückwandern. Nun gehen wir erst schnell und später, weil noch genügend Zeit ist, langsam. Am Bahnhof wieder in die „Züge" steigen: Aufstellung wie zu Beginn und heimwärts fahren (langsam/schnell usw.). Dazu wieder das Eisenbahnlied (Vers 1–4). Am Ziel aussteigen und mit den „Wander"stäben in den Geräteraum wandern. Stäbe wegräumen.

# Übungseinheiten mit zwei unterschiedlichen Handgeräten

# 4

**Mit Bällen und Stäben**
**Sammeln vielfältiger Bewegungserfahrungen**

**Mit Bällen und Reifen**
**Spiel- und Übungsformen mit Bällen und Reifen**

**Mit Säckchen und Reifen**
**Spiele mit dem Partner in der „Herbst- und Erntezeit“**

**Mit Tennisringen und Tüchern**
**Sammeln spezifischer Material- und Körpererfahrungen**

**Mit Federn und Reifen**
**„Wir sind Vögel“ – eine geturnte Bewegungsgeschichte**

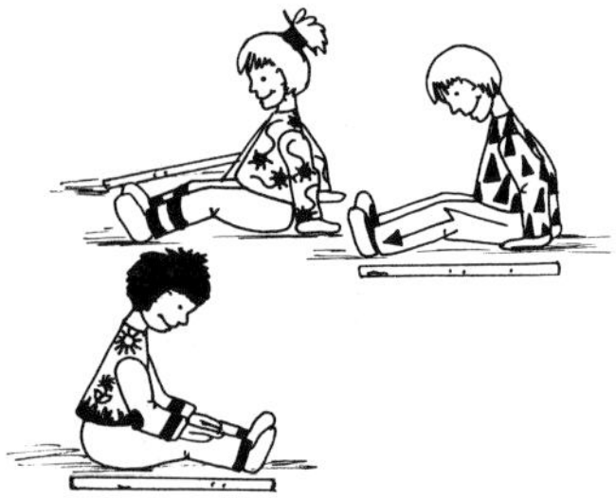

Abb. 237

Abb. 238

Abb. 239

***Mit Bällen und Stäben***

# Sammeln vielfältiger Bewegungserfahrungen

## Einleitung

Dieselbe Anzahl Stäbe wie Kinder liegen kreuz und quer in der Halle verteilt. Die Bälle bereitlegen.

- Zur Musik gehen, laufen, hüpfen, vor-, rück- oder seitwärts, ohne die Stäbe zu berühren. Mit Musikende aufgerufene Ausgangsstellung neben einem Stab einnehmen, z. B. Bauchlage, Rückenlage, Strecksitz, Schneidersitz oder Kniestand *(Abb. 237)*. Mit dem letzten Musikende bekommt jedes Kind einen Ball.

*Experimentierphase*

Was könnt ihr mit dem Ball machen? Die Stäbe dürfen dabei nicht berührt werden. Auf ein Signal (Musikende oder Handklatsch) versucht ihr sofort, eine neue Übung auszuführen.

- Die Kinder werden den Ball tragen, rollen, prellen oder werfen und fangen; verschiedene Ausgangspositionen oder Fortbewegungsarten wählen und verschiedene Körperteile einsetzen *(Abb. 238)*.

## Hauptteil

- Sucht euch einen Stab und rollt den Ball mit den Händen um ihn herum.
- Könnt ihr das auch mit anderen Körperteilen, z. B. mit dem Kopf, Ellenbogen, Knie oder Fuß?
- Baut aus den Stäben eine Gasse und stellt euch an dem Ende der Gasse auf. Rollt den Ball langsam durch die Gasse und behaltet dabei Ballkontakt mit der Hand oder mit dem Fuß *(Abb. 239)*.
- Rollt den Ball durch die Gasse und bleibt so lange stehen, bis der Ball am anderen Ende der Gasse angekommen ist. Lauft dann schnell hinterher.
- Versucht den Ball in der Gasse zu rollen, selbst aber außen neben der Gasse herzugehen. Geht erst rechts ne-

Abb. 240

Abb. 241

Abb. 242

Abb. 243

Abb. 244

ben der Gasse und versucht es beim nächsten Durchgang an der linken Seite *(Abb. 240)*.

- Versucht den Ball durch die Gasse zu prellen.

- Versucht durch die Gasse zu laufen und dabei den Ball hochzuwerfen und anschließend wieder zu fangen.

- Nehmt euren Stab wieder auf und schiebt den Ball zur Musik mit dem Stab vorwärts. Haltet beim Üben immer Ballkontakt. Stoppt den Ball mit Musikende ab *(Abb. 241)*.

- Findet verschiedene Möglichkeiten, den Ball mit dem Stab fortzurollen, z. B. Stoßen wie beim Billard, Schlagen wie beim Hockey oder Schieben mit der Stablängsseite *(Abb. 242)*.

- Könnt ihr den Stab mit Hilfe des Balles fortbewegen *(Abb. 243)*?

*Partnerübungen*

Zwei Kinder bilden ein Paar und nehmen sich zwei Stäbe und einen Ball. Der andere Ball wird weggelegt. Die Kinder stehen sich gegenüber und halten in jeder Hand ein Stabende.

- Tragt den Ball auf den beiden Stäben, ohne ihn zu verlieren. Bewegt euch dabei zunächst vorwärts, später rück- oder seitwärts *(Abb. 244)*.
- Versucht die Stäbe bis dicht zum Boden abzusenken und anschließend wieder anzuheben, ohne den Ball zu verlieren.
- Lasst den Ball durch vorsichtiges Heben und Senken des Stabes hin- und herrollen *(Abb. 245)*.
- Versucht den Ball durch die Stäbe fallen zu lassen und nach dem Aufprellen wieder zu „fangen".
- Versucht den Ball hochzuwerfen und nach dem Aufprellen wieder zu fangen.

## Schlussteil

„Hockey-Spiel". – Es werden zwei Tore und ein Spielfeld markiert. Jedes Kind erhält einen Stab. Ein Ball wird benötigt.

- Zwei Mannschaften versuchen, mit den Stäben den Ball ins gegnerische Tor zu treiben *(Abb. 246)*. Für jedes Tor bekommen hinterher *alle gemeinsam* eine Belohnung, z. B. bekommt beim Stand von 3 : 2 jedes Kind fünf Bananenchips oder Nüsse.

Abb. 245

Abb. 246

Abb. 247

Abb. 248

Abb. 249

***Mit Bällen und Reifen***

# Spiel- und Übungsformen mit Bällen und Reifen

## Einleitung

So viele Reifen wie Kinder liegen gleichmäßig verteilt in der Halle. In jedem Reifen liegt ein Ball.

- Zur Musik in Kurven um alle Reifen gehen, laufen oder hüpfen. Mit Musikende Platz in einem Reifen suchen. Alle weiteren Male immer wieder in denselben Reifen setzen.
- Der Ball möchte das auch ausprobieren. Rollt ihn mit der Hand so vorsichtig um alle Reifen herum, dass er euch nicht „ausreißt“. Mit Musikende rollt ihr ihn wieder „nach Hause“ *(Abb. 247)*. Ihr habt den Ball mit der Hand gerollt. Mit welchem Körperteil könnt ihr den Ball noch rollen? – Vorschläge der Kinder aufgreifen und turnen lassen. *Beispiele:* Den Ball mit dem Kopf, dem Ellenbogen, dem Knie oder dem Fuß rollen.
- *Spiel „Der Ausreißer“.* Jedes Kind rollt seinen Ball „brav“ am inneren Reifenrand entlang im Kreis herum. Auf ein vereinbartes Signal, z. B. Tamburinschlag, reißt der Ball aus. (Wegrollen lassen!) Ball wieder holen oder schnell den Reifen als Fanggerät nehmen, den Ball einfangen, zum Platz zurückbringen. Findet ihr euren Platz? Anschließend wieder „brav“ rollen. Bis zum nächsten Signal *(Abb. 248)*.

## Hauptteil

- Rollt den Ball mit Hilfe des Reifens. *Beispiele:* Den Ball im liegenden Reifen schieben oder ziehen, den Ball mit dem liegenden oder dem schräg gehaltenen Reifen wegrollen, den Ball im schräg gehaltenen Reifen ziehen *(Abb. 249)*.
- Tragt den Reifen mit Hilfe des Balles. Ihr dürft den Reifen dabei nicht berühren! Beispiel: Reifen auf den Ball hängen und den Ball beidhändig gefasst tragen *(Abb. 250)*.
- Transportiert gleichzeitig Ball und Reifen. Dazu könnt ihr verschiedene Ausgangsstellungen einnehmen. *Beispiele:* In

Abb. 250

Abb. 251

Abb. 252

Abb. 253

Abb. 254

der Bauchlage den Reifen auf den Rücken legen und den Ball beidhändig gefasst vorwärts rutschen. – In der Bauchlage Reifen an die angewinkelten Beine hängen, Ball unter einen Arm klemmen und vorwärtsrutschen *(Abb. 251, linke Figur oben)*. In der Rückenlage Reifen über die angehockten Beine stülpen, Ball beidhändig auf dem Bauch halten und rückwärts kriechen *(Abb. 251, linke Figur unten)*. In der Bankstellung den im Reifen liegenden Ball vorwärts schieben. Im Sitz den Reifen über die angezogenen Zehen hängen, Ball auf die gestreckten Beine legen und rückwärts rutschen *(Abb. 251, mittlere Figur)*. Im Stand Reifen wie eine Umhängetasche überhängen, Ball auf dem Kopf halten und vor-, rück- oder seitwärts gehen *(Abb. 251, rechte Figur)*.

*Spiele mit dem Partner*

Die Kinder gehen zu Paaren zusammen und erhalten gemeinsam einen Ball und einen Reifen. Die restlichen Geräte werden weggeräumt. Die Paare einigen sich, wer den Ball und wer den Reifen bekommt. Hinweis geben, dass später getauscht wird.

- Das „Reifen-Kind“ hält sein Gerät beidhändig gefasst senkrecht hoch, und das „Ball-Kind“ wirft sein Gerät durch den Reifen *(Abb. 252)*. Anschließend schnell auf die andere Seite laufen und den Ball zu fangen versuchen. Mehrmals üben. Rollenwechsel.

- Wie vor, aber bei niedrig gehaltenem Reifen *(Abb. 252)*. Die Kinder in Ruhe experimentieren lassen. Rollenwechsel nicht vergessen.

- Alle „Reifen-Kinder“ halten ihre Geräte in Hochhalte. Alle „Ball-Kinder“ laufen von einem Reifen zum anderen und werfen ihre Bälle hindurch. Wechseln.

## Schlussteil

- Zur Musik denken sich alle Kinder in der Fortbewegung „Kunststücke“ mit ihrem Gerät aus, z. B. den Ball hochwerfen und fangen oder prellen, den Ball beim Vorwärtsgehen ununterbrochen um den Körper herum geben, mit dem Reifen „seilhüpfen“ oder den Reifen rollen *(Abb. 253)*.

- Mit Musikende setzen sich alle Reifenkinder schnell in ihren Reifen und bekommen von einem Ballkind Besuch. Geräte wechseln und von vorn beginnen *(Abb. 254)*. Zuletzt gemeinsam Geräte wegräumen.

### *Mit Säckchen und Reifen*

# Spiele mit dem Partner in der „Herbst- und Erntezeit“

## Einleitung

**Singtanz „Oh, wie freu’ ich mich“**

Oh, wie freu’ ich mich, dass ich Äpfel habe.
Komm, ich teile sie gern mit dir!

*Refrain:* Komm und lass uns fröhlich singen,
tanzen, springen, Gott zum Danke.
Komm, ich tanze gern im Kreis herum mit dir!

Insgesamt viermal durchsingen und nach „Äpfeln“ noch „Birnen, Kirschen und Pflaumen“ einsetzen.

Aus „Die Welt ist schön 2“ von Karin Schaffner, Pohl-Verlag.

*Spielvorschlag*

Zu Paaren in offener Aufstellung gegenüber stehen, während der Verse befinden sich die Hände an den Hüften, am Ort drehen (Abb. 255). Mit dem letzten Vers-Wort „dir" strecken sich die PartnerInnen die Hände entgegen (Abb. 256) und tanzen während des Refrains miteinander im Kreis herum (Abb. 257).

## Hauptteil

*„Schnell Obst abnehmen, ein Gewitter kommt!"*

Die Säckchen hängen nach Farben getrennt, gleichmäßig verteilt an vier Sprossenwänden und symbolisieren je einen Apfel-, Birnen-, Kirschen- und Pflaumenbaum (grün, gelb, rot, blau). Bei größeren Kindern die Säckchen höher hängen, bei den kleineren evtl. nur in Reichweite.

Abb. 255

Abb. 256

Abb. 257

Abb. 258

Abb. 259

- Vier Kinder stehen in größerer Entfernung zur Sprossenwand vor je einem Reifen (Obstkorb) und beginnen auf ein Zeichen, so schnell wie möglich ihren Obstbaum zu leeren. Es darf aber immer nur eine „Frucht" gepflückt und transportiert werden *(Abb. 258)*. Wer fertig ist, hilft sofort bei der Nachbarernte mit, damit alles Obst noch rechtzeitig im Korb ist.
- Die anderen Kinder spielen das „Gewitter" im Sitz am Boden. Während der ganzen Ernte tröpfelt es schon. Mit den Fußspitzen leise trommeln. Dann regnet es, lauter, es gießt, noch lauter werden! *(Abb. 258)*
- Gerade als die letzten Früchte im Korb sind, bricht das Gewitter los. Es blitzt – im Sitz die Beine ruckartig hochstoßen! Es donnert – mit den Fersen auf den Boden trommeln! Dann scheint die liebe Sonne wieder – mit den Füßen einen großen Kreis in die Luft malen! Alle Kinder freuen sich – in die Füße klatschen! Spiel mehrfach wiederholen. Rollenwechsel.

*Zu Paaren mit je einem Sandsäckchen zusammengehen*

- Säckchen zuwerfen. Findet verschiedene Lösungen in den verschiedensten Ausgangsstellungen. Die Lösungen werden vorgestellt und nachgeahmt. Die Kinder werden das Sandsäckchen im Stand mit einer Hand oder beiden Händen werfen, unter einem gehobenen Bein hindurchwerfen, dem hinter ihnen stehenden Partner über den Kopf oder durch die gegrätschten Beine zuwerfen. Das Sandsäckchen mit den Zehen greifen und werfen; es sich in der Bauch- oder Rückenlage oder im Sitz mit Händen oder Füßen zuwerfen *(Abb. 259)*.

- Sandsäckchen zuschieben. Die Kinder werden das Sandsäckchen mit einer Hand oder beiden Händen, mit den Füßen oder Ellenbogen zuschieben und dabei verschiedene Ausgangsstellungen wie z. B. Bauch- oder Rückenlage, Bankstellung, Grätschstand und Sitz einnehmen *(Abb. 260)*.

- Sandsäckchen durch Einklemmen zwischen den Paaren transportieren. Die Kinder werden die Sandsäckchen zwischen den Köpfen, den Schultern, den Knien einklemmen. Sie werden auch zwei verschiedene Körperteile benutzen, z. B. Bauch und Rücken, Knie und Hand *(Abb. 261)*.

Abb. 260

Abb. 261

Abb. 262

*Jedes Paar bekommt einen Reifen und zwei Säckchen*

- *Tragt gemeinsam euren Reifen „spazieren" und balanciert beide Sandsäckchen darauf (Abb. 262).* Die Kinder werden die Reifen waagerecht oder senkrecht tragen, dabei nebeneinander, hintereinander oder einander zugewendet vor-, rück- oder seitwärts gehen und die Sandsäckchen auf verschiedenen Stellen des Reifens deponieren.
- *Werft die Säckchen durch den senkrecht gehaltenen Reifen (Abb. 263).* Die Kinder werden ihren Reifen in verschiedenen Höhen vor dem Körper oder über den Kopf halten. Die Kinder ohne Reifen versuchen die zwei Sandsäckchen hindurchzuwerfen. Rollenwechsel.
- Werft eure Säckchen in den liegenden Reifen. Die Kinder probieren, aus welcher Entfernung sie in den Reifen treffen können. Reifen wegräumen.

### Schlussteil

- Spiel „Der Obstdieb". Soviel Säckchen wie Kinder liegen gleichmäßig am Boden verteilt. Der „Obstdieb" (Leiterin oder Kind) steht am Spielfeldrand. Zur Musik in Kurven um das „Obst" herumgehen, -laufen oder -hüpfen. Mit Musikende versucht der „Obstdieb" Äpfel, Birnen, Kirschen oder Pflaumen zu ergattern. Die Kinder verstecken ihr „Obst", indem sie es mit einem Körperteil abdecken *(Abb. 264)*. Was der Dieb nicht sehen kann, stiehlt er auch nicht. Der „versteckende" Körperteil wird vorher festgelegt, z. B. der Bauch, Po, Rücken oder Fuß. Damit immer alle Kinder im Spiel bleiben, werden ergatterte „Obstsorten" durch neue ersetzt.

Abb. 264

Abb. 263

***Mit Tennisringen und Tüchern***

## Sammeln spezifischer Material- und Körpererfahrungen

### Einleitung

Halb soviel Tennisringe wie Kinder liegen gleichmäßig verteilt im Raum.

- Zur Musik um alle Tennisringe gehen, laufen, hüpfen, vor-, rück- oder seitwärts. Mit Musikende zu Paaren bei ei-

Abb. 265

Abb. 266

nem Tennisring treffen, ihn beidhändig fassen und sich miteinander im Kreis drehen *(Abb. 265)*.

- *Spiel „Fahrschule“*. Die Kinder stehen zu Paaren hintereinander. Das vordere Kind hat den Tennisring als „Lenkrad“ in den Händen, das hintere Kind gibt die Fahrübungen an. Wir beginnen mit Anfahren, Vor- und Rückwärtsfahren und Anhalten. Die einzelnen Paare frei gestalten lassen. Danach Rollenwechsel vornehmen.
- Da alle schon so gut fahren und keine Zusammenstöße (mehr) passieren, kommen weitere Fahrübungen dazu; z. B. Wenden und Schnell- bzw. Langsamfahren. Auch hier Rollenwechsel nicht vergessen *(Abb. 266)*.
- Alle haben die Prüfung bestanden und bekommen den Führerschein: Händeschütteln und gratulieren!

## Hauptteil

*Alle Paare bekommen zusätzlich noch ein Tuch.*

- Vergleicht die Formen von Tennisring und Tuch. Werft beide hoch und beobachtet, wie sie am Boden ankommen

Abb. 268

Abb. 267

*(Abb. 267)*. Welche Unterschiede habt ihr festgestellt? Der Tennisring ist rund, das Tuch ist eckig, der Tennisring ist aus Gummi, das Tuch ist aus Stoff, der Tennisring fällt schneller als das Tuch, der Tennisring prellt nochmals vom Boden hoch; das Tuch bleibt liegen.

- Legt den Tennisring auf das ausgebreitete Tuch. In welchen Ausgangspositionen könnt ihr nun gemeinsam den Tennisring „spazierenfahren“, ohne ihn zu verlieren *(Abb. 268)*? In der Bankstellung mit den Händen die Tuchecken fassen; ein Kind krabbelt vor-, das andere rückwärts. In der Bauchlage nebeneinander werden die Tuchecken mit den Innenhänden gefasst; vor- oder rückwärts kriechen. Im Sitz nebeneinander werden die Tuchecken mit den Innenhänden gefasst; ziehen.

- Könnt ihr statt der Hände auch die Füße einsetzen? Im Sitz nebeneinander den Tennisring mit dem Tuch rückwärtsziehen. – Versucht es auch im Rückwärtsgehen *(Abb. 268)*.

- Tragt den Tennisring auf dem ausgebreiteten Tuch spazieren und geht dabei vor-, rück- oder seitwärts *(Abb. 269)*.

Abb. 269

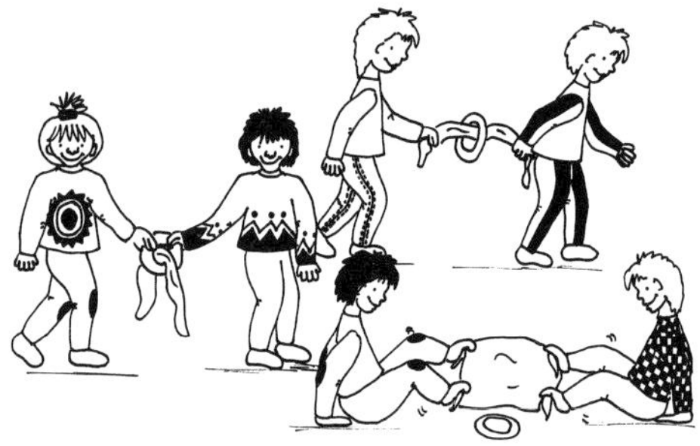

Abb. 270

Könnt ihr ihn auch mit dem Tuch hochwerfen und wieder auffangen? Könnt ihr ihn auch mit dem Tuch schaukeln? Könnt ihr das auch mit den Füßen im Sitz (*Abb. 269)*?

- Denkt euch andere Partnerübungen mit Tennisring und Tuch aus. Die neuen Ideen vor- und nachmachen lassen. Beispiele: Das Tuch mit Händen oder Füßen durch den Tennisring ziehen. Das Tuch in den Tennisring gehängt tragen, ohne es zu berühren. Mit den Füßen fassen und den am Boden liegenden Tennisring zudecken *(Abb. 270)*.

- *Spiel „Ich fahre mit dem Auto"*. Tennisringe und Tücher zwischen den Paaren aufteilen. Die Kinder mit den Tüchern bleiben gleichmäßig verteilt an ihrem Platz im Raum. Alle Kinder mit dem Tennisring fahren in Kurven um alle „Tankstellen" herum, mit Musikende oder auf ein Signal „tanken" sie bei ihrer „Tankstelle". Die Kinder mit den Tüchern können dazu die Tücher zu „Schläuchen" rollen und damit „einfüllen". Mehrmals spielen und evtl. die „Tankstellen" wechseln. Dann Rollenwechsel vornehmen *(Abb. 271)*.

Abb. 271

- Die Kinder mit dem Tennisring fahren wieder los. Nach kurzer Zeit haben sie eine Panne. Oje, das Auto will nicht mehr! Da kommen die Kinder mit den Tüchern als „Pannendienst" angefahren und schleppen die Autos zur „Tankstelle" ab: Die Kinder mit dem Tennisring lassen sich an den Füßen gefasst ziehen oder, in Bauch- oder Rückenlage an den Händen oder Füßen gefasst, abschleppen *(Abb. 272)*.

- Die Autos müssen untersucht werden. Die „Haube" wird geöffnet (Arme der Kinder mit dem Tennisring gehen in die Hochhalte). Nun können die Kinder mit den Tüchern an „Schrauben" drehen, unter den Armen kitzeln, den Reifendruck (an den Füßen) überprüfen. Endlich sind die Autos wieder in Ordnung *(Abb. 273)*. Noch einmal fahren und dann Rollenwechsel vornehmen.

Abb. 272

Abb. 273

Abb. 274

## Schlussteil

*Autowäsche*. Alle Kinder mit den Tüchern bilden eine lange Gasse, die „Waschstraße“. Die Tücher werden auf und ab oder hin und her bewegt und so die durchfahrenden „Autos“ (Kinder mit dem Tennisring) „gewaschen“ *(Abb. 274)*.

*Dazu passt folgendes Lied:*

**Die Autowaschstraße**

1. Hab' mein Auto angeschaut,
   meinen Augen nicht getraut!
   Denn es ist voll Staub und Dreck,
   der muß wieder weg.

2. Brumm, brumm, brumm, am selben Tag
   fahr' ich in die Waschanlag'.
   Schrubb-di-wupp schon ist der Dreck
   schrubb-di-wupp-di-weg!

Aus „Die Welt ist schön 2“ von Karin Schaffner, Pohl-Verlag.

### *Mit Federn und Reifen*

# „Wir sind Vögel“ – eine geturnte Bewegungsgeschichte

## Einleitung

*Gerät und Material:* Reifen und ca. 7 cm lange Dekorationsfedern in den Farben Gelb, Rosa, Blau (in Bastelgeschäften erhältlich). Im Raum liegen gleichmäßig verteilt für jedes Kind ein Reifen:

Alle „Vögel“ suchen sich ein „Nest“ (Sitz im Reifen). Zur Musik fliegen alle Spatzen, Schwalben, Adler usw. herum (Arme wie Flügel bewegen – in Kurven um die Reifen herumlaufen).

Mit Musikende fliegen sie zurück in ihr Nest. Finden alle Vögel ihr Nest? Beliebig oft wiederholen.

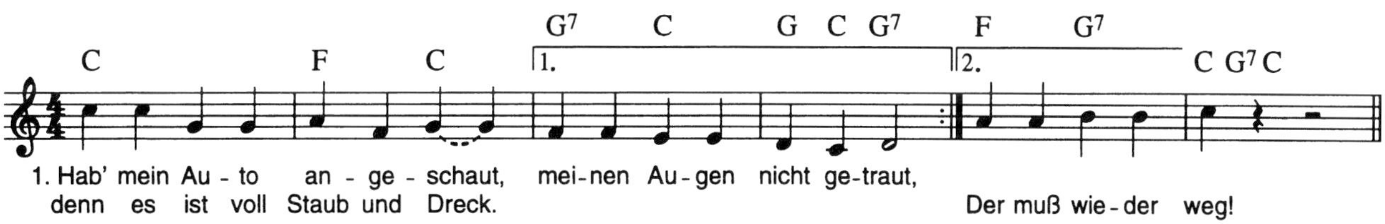

Abb. 275

Abb. 276

● Anschließend Gespräch über Vögel: Welcher Vogel warst du? Welche Vogelarten kennt ihr noch? Wie sehen Vögel aus? (Kopf, Schnabel, Flügel, Schwanz, Federn usw.) Was machen Vögel noch außer „Fliegen"? (Sich putzen, Futter suchen, Baden, Laufen, Hüpfen, Eier legen, Nest bauen usw.)

## Hauptteil

● *Geturnte Geschichte*. Alle Vögel schlafen in ihren Nestern (Kinder „schlafen" im Reifen). Früh, mit den ersten Sonnenstrahlen, wachen sie auf, dehnen, strecken und putzen sich (turnen wie beschrieben), schauen über den Nestrand neugierig die Gegend an (Kopf aus dem „Nest" strecken, nach links und rechts drehen, *Abb. 275*) und spazieren auf dem Nestrand herum (*Abb. 275)* (auf dem Reifenrand balancieren). Dann flattern sie ein bisschen mit den Flügeln (Arme auf- und abbewegen) und fliegen los (umherfliegen, *Abb. 275*).

● Unterwegs suchen sie sich Futter: Vielleicht finden sie Körner und Grassamen auf Feld und Wiese (turnen wie beschrieben). Auf der Wiese machen sie ein gemeinsames Konzert (Piep, piep, kräh, kräh usw. Vielleicht kann auch jemand pfeifen? Frei gestalten lassen). Langsam werden die Vögel wieder müde und fliegen heim ins Nest (zurück in den Reifen und „schlafen").

Abb. 277

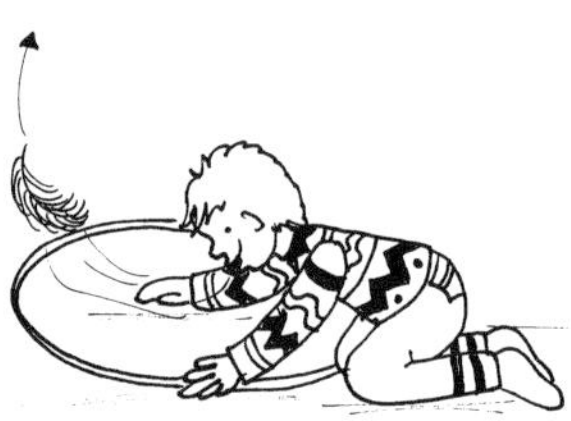

● *Vögel haben Federn*. Jedes Kind erhält eine Feder. Feder gemeinsam betrachten: Zart darüberstreichen, sie zart anblasen, fallen lassen, beobachten, wie sie langsam zum Boden tanzt, schwebt usw. Wie sieht die Feder aus, ist sie schwer oder leicht, welche Farbe hat sie? Sich mit der Feder streicheln.

● Feder fallen lassen und Bewegung mit dem eigenen Körper nachahmen *(Abb. 276)*.

● Feder von der Hand pusten und wieder zu fangen versuchen *(Abb. 276)*.

● Feder vorsichtig in den zum Nest geformten Händen vorwärts tragen. Sich gegenseitig ins „Nest" schauen.

● Feder rauspusten und wieder fangen *(Abb. 276)*.

● Feder auf der flachen Hand oder dem Handrücken balancieren, sehr langsam vor-, rück-, seitwärts bewegen.

● Wer kann sich setzen, ohne die Feder zu verlieren?

Abb. 278

Abb. 279

- Feder in den Reifen legen: Wer kann die Feder aus dem „Nest“ pusten *(Abb. 277)*.
- Alle Vogelkinder fliegen zur Musik mit ihren Federn umher, mit Musikende die anderen Vogelkinder streicheln (Gesicht, Arme, Beine).
- Alle Vogelkinder sitzen in ihren „Nestern“, den Reifen: Alle blauen Vögel fliegen herum. Wechseln.
- Versammlungsort für die verschiedenen Federfarben ausmachen, z. B. drei Ecken: Mit Musik fliegen alle Vögel herum, mit Musikende fliegen alle Vögel zu ihrem Versammlungsort *(Abb. 278)*.
- Oder: Auf den Zuruf „Gefahr!“ fliegen alle blauen Vögel ganz eng zusammen weiter, alle rosa und gelben Vögel ebenfalls.

## Schlussteil

- Kreisspiel (sechs bis acht Kinder pro Kreis): Eine Feder wird von Kind zu Kind geblasen
a) am Boden entlang,
b) sitzend von „Handnest“ zu „Handnest“ *(Abb. 279)*.

**Spiellied: Streichellied**

*Text:*
„Lasst uns einmal spazierengehn
und liebe andre Kinder sehn!
Denn streicheln möchte ich – doch wen?
Bei dir da bleib´ ich stehn:
Ich streichel dich,
du streichelst mich,
oh, ist das wonnig, wonniglich,
hm hm hm hm hm hm hm hm
hm hm hm hm hm hm.“

Aus „Die Welt ist schön 1“ von Karin Schaffner, Pohl-Verlag.

*Ablauf:* Mit der Feder einzeln herumgehen, bei „bei dir da bleib ich stehn“ Partner suchen, dann bis zum Ende des Liedes gegenseitig mit der Feder streicheln. Beliebig oft wiederholen.

*Gemeinschaftsaufgabe:* Legt aus allen Federn gemeinsam einen Vogel! Ein Kind nach dem anderen legt seine Feder an.

# Übungseinheiten mit ungewöhnlichen Handgeräten

# 5

Abb. 280

Abb. 281

*Mit kleinen Kissen*

# „Winterzeit" – Turnen mit Kissen

## Einleitung

Jedes Kind hat ein Kissen mitgebracht.

- *Experimentierphase:* Die Kinder werden das Kissen tragen, balancieren, werfen, schieben usw.
- Zur Musik um alle Kissen gehen, laufen, hüpfen, vor-, rück-, seitwärts. Mit Musikende Sitz auf dem Kissen.
- Wie vor, aber alle Kissen antippen, umkreisen, überhüpfen.
- *Reaktionsspiel:* Die Leiterin macht eine Faust: Sitz auf dem Kissen, zeigt mit dem Zeigefinger hoch: Ballenstand, Kissen in Hochhalte, hält bei waagerechter Hand die Handfläche nach unten: Bauchlage auf dem Kissen, den Handrücken nach unten: Rückenlage unter dem Kissen.
- Anschließend als Partnerübung turnen. Ein Kind führt, das andere folgt. Dann wechseln.

## Hauptteil

- Kissentransport im Gehen, z. B. auf Kopf, Hand, Arm, Nacken, zwischen den Händen, Arm und Rumpf, Knien, Füßen, Kniekehle usw.
- Könnt ihr das Kissen in anderen Ausgangsstellungen transportieren, z. B. in der Bauchlage, auf dem Rücken oder in den Kniekehlen oder unter dem Arm usw., in der Bankstellung auf dem Rücken oder zwischen den Füßen oder unter dem Arm usw., in der Rückenlage auf dem Bauch, zwischen den Knien usw.
- Kissen in verschiedenen Ausgangsstellungen hochwerfen und fangen (Bauchlage, Rückenlage, Sitz, Fersensitz, Stand).
- Könnt ihr das Kissen auch mit den Füßen werfen? Z. B. im Stand auf einen Fuß legen und hoch- oder wegwerfen, im Sitz mit beiden Füßen hochwerfen oder mit Schwung auf den Rücken rollen, dabei das Kissen hinter den Kopf werfen *(Abb. 280)*. Wie weit könnt ihr das Kissen werfen (rechts und links üben!)?
- Kissenschlacht, ununterbrochen gegenseitig mit den Kissen bewerfen (Abb. 281). Danach ausruhen auf oder unter dem Kissen, Kissen zwischen die Arme gekuschelt, ganz nach Wunsch.

Die Füße wollen noch etwas mehr tun!

- Könnt ihr im Sitz mit den Füßen das Kissen schütteln, drehen, heben, Sitzkarussell, mit dem Kissen fahren *(Abb. 282)*?

Abb. 282

Könnt ihr im Stehen mit einem Fuß das Kissen aufheben und fallen lassen, aufheben und in die Hand übergeben *(Abb. 282)*?

Könnt ihr das Kissen überhüpfen mit beiden Beinen, auf einem Bein, vor-, rück-, seitwärts, im Pferdchensprung (Abb. 282)?

## Schlussteil

Alle sitzen mit ihren Kissen auf Stühlen oder Bänken. Immer bei den Worten „Schnee" und „Holle" stehen alle auf, machen eine ganze Umdrehung und schütteln dabei ihr Kissen *(Abb. 283)*.

Die *Geschichte* muss sehr langsam erzählt werden. Im Winter ist es kalt. Die Sonne ist weit weg und kann die Erde deshalb nicht so wärmen wie im Sommer. Dann kommt der Regen als *Schnee* vom Himmel. Dann hat *Frau Holle* viel zu tun. Eines Tages schüttelte *Frau Holle* ihre Betten so fest, dass ein Loch hineinriss. Nun kam ganz viel *Schnee* vom Himmel und deckte alles zu. Fast konnte man die Häuser nicht mehr sehen. Der *Schnee* fiel und fiel, bis *Herr Holle* sich beschwerte, weil die Betten schon ganz dünn geworden waren. *Frau Holle* schaute nach: Wirklich ein großes Loch! Als sie die Bescherung sah, fiel sie vor Schreck fast aus dem Fenster. Der *Schnee* hatte auf der Erde schon alles zugedeckt, und die Menschen kehrten *Schnee* und schoben *Schnee* und wühlten sich durch den *Schnee*. Nur die Kinder lachten und fuhren Schlitten! Schnell flickte *Frau Holle* ihre Betten, und auf der Erde wurde es wieder erträglicher. Auch die Sonne schien wieder wärmer. Und wer schmolz dahin? Der *Schnee*! Und wer konnte endlich wieder gut schlafen? Der *Herr Holle*!

# „Es schneit" – eine geturnte Bewegungsgeschichte

## Einleitung

Kreuz und quer laufen, die Kissen immer wieder hochwerfen und „es schneit" rufen. Die Schneeflocken-Kissen entweder auffangen oder fallenlassen *(Abb. 284)*.

Schneeballschlacht. Sich gegenseitig mit den Kissen bewerfen. Regel: Nicht auf den Kopf zielen!

Schlittenfahren: Sitz auf dem Kissen und vorwärtsrutschen.

## Hauptteil

Kreuz und quer laufen, die Kissen immer wieder hochwerfen und „es schneit" rufen.

Fangt eine dicke Schneeflocke mit den Händen. Kissen hochwerfen und fangen.

Mit welchem Körperteil könnt ihr die Schneeflocke noch fangen? Mit dem Arm, Kopf, Bauch, Rücken, Knie, Fuß *(Abb. 285)*.

Die Schneeflocken tanzen, wirbeln und drehen sich in der Luft. Dem Kissen beim Werfen, ein- oder beidhändig gefasst, eine Drehung geben.

Je nachdem, wo die Schneeflocken landen, können sie sehr verschiedene Erlebnisse haben. *Manche landen auf dem Spielplatz*. Was können sie dort erleben? Ideen der Kinder aufgreifen.

Abb. 283

Abb. 284

Abb. 285

Abb. 286

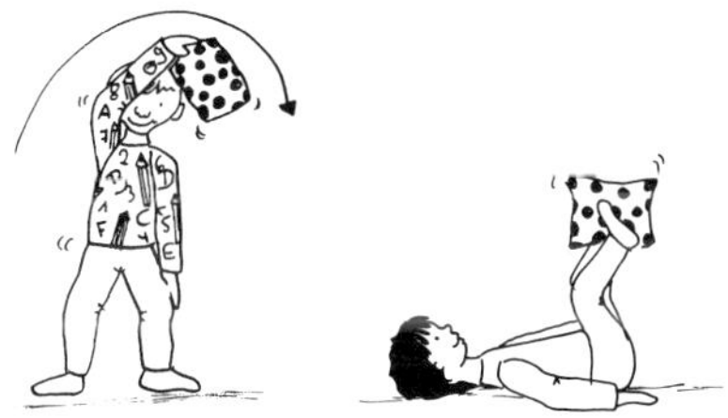

Abb. 287

Abb. 288

- *Karussellfahren*. Das Kissen im Stand schnell um den Körper herumgeben. Das Kissen in den Händen oder zwischen den Füßen gefasst in Bauch-, Rückenlage oder Sitz am Ort drehen *(Abb. 286)*. Im Stand das Kissen in einer Hand schnell drehen: Hui, dabei fliegt die Schneeflocke davon *(Abb. 286)*.

- *Wippen*. Strecksitz, Kissen zwischen den Füßen oder in den Händen in Hochhalte, dabei im Wechsel Rückenlage mit Heben der Beine und Sitz *(Abb. 287, rechte Figur)*.

- *Grätschstand* mit Armseithalte, Kissen in einer Hand, dabei Rumpfseitbeugen nach links und rechts *(Abb. 287, linke Figur)*.

- *Schaukeln*. Stand, Kissen beidhändig gefasst hin- und herschwingen oder in einer Hand neben dem Körper vor- und rückschwingen. Manche Schneeflocken landen auf einem Fahrzeug. Was können sie dort erleben? Ideen der Kinder aufgreifen.

- *Autofahren*. Vorwärtslaufen, dabei das Kissen als Lenkrad benutzen oder auf dem Kopf balancieren, hui, da fliegt die Schneeflocke herunter *(Abb. 288, rechte obere Figur)*.

- *Flugzeugfliegen*. Mit ausgebreiteten Armen laufen und das Kissen auf dem Arm balancieren, hui, da fällt die Schneeflocke herunter! Das Kissen auf einem Körperteil balancieren *(Abb. 288, linke Figur)*.

- *Eine Schneeflocke landet auf einem Hubschrauberpropeller:* Kissen, in einer Hand in Hochhalte, über dem Kopf kreisen lassen oder im Stand schnell mit dem Kissen drehen, hui, da fliegt die Schneeflocke weg (Kissen plötzlich loslassen). *Manche Schneeflocken landen auf einem Lebewesen*. Was können sie dort erleben? Ideen der Kinder aufgreifen.

- Sie landet auf einem Katzenkopf. Auf allen vieren schleichen und das Kissen auf dem Kopf balancieren *(Abb. 289, rechte Figur oben)*.

- Sie landet auf einem Hunderücken. Auf allen vieren krabbeln und das Kissen auf dem Rücken balancieren *(Abb. 289, linke Figur Mitte)*.

- Sie landet auf einem Vogelflügel. Mit ausgebreiteten Armen herumlaufen und das Kissen in einer Hand halten oder auf der Hand balancieren.

- Sie landet auf dem Körper eines Menschen. Das Kissen auf dem vorgeschlagenen Körperteil balancieren – Kopf, Schulter, Arm, Fuß *(Abb. 289, linke obere und untere Figur)*.

- Kreuz und quer laufen, die Kissen immer wieder hochwerfen und „es schneit“ rufen.

- Könnt ihr auch unter einer Schneeflocke hindurchlaufen? Kissen hochwerfen und blitzschnell unter dem fallenden Kissen hindurchlaufen *(Abb. 290, linke Figur)*.

- Springt über die gerade gelandete Schneeflocke hinweg, Kissen hochwerfen, fallenlassen und sofort darüberspringen *(Abb. 290, rechte Figur)*. Probiert dabei verschiedene Sprungarten aus, z. B. Schluss- oder Pferdchensprünge auf einem Bein.

- Deckt die gelandete Schneeflocke schnell mit einem Körperteil zu. Kissen hochwerfen und auf den Boden fallen lassen. Anschließend schnell mit Bauch, Po oder Rücken zudecken.

*Partnerübungen*

- *Tandem-Schlittenfahren*. Zwei Kinder sitzen hintereinander auf ihrem „Schlitten“ und fahren aneinander gehängt vorwärts *(Abb. 291, Figuren links unten)*.

Abb. 289

- *Schlepplift*. Ein Kind steht mit jedem Fuß auf je einem Kissen und wird vom zweiten Kind – dem Schlepplift – vorwärtsgezogen. Rollenwechsel *(Abb. 291, Figuren oben)*.

- *Tandem-Skifahren*. Stand hintereinander. Das hintere Kind hält das vordere umfasst. Sie stehen gemeinsam auf den beiden Kissen und bewegen sich beim Skifahren synchron *(Abb. 291, Figuren rechts)*.

## Schlussteil

Kreuz und quer laufen, die Kissen immer wieder hochwerfen und „es schneit" rufen.

### Spiellied

„Eine Schneeballschlacht ist lustig".

1. Eine Schneeballschlacht ist lustig,
   eine Schneeballschlacht macht Spaß.
   Ja, ich schmeiß' dich mit dem Schneeball
   und du wirst davon ganz nass!

Abb. 291

Abb. 290

*Refrain:* Aber nicht – ins Gesicht,
aber nicht, nicht, nicht ins Gesicht!

2. Zuerst wird der Schnee geknetet,
   so zum nassen, kalten Ball,
   dann gezielt und gut geworfen.
   Ich treff' dich auf jeden Fall!

   *Refrain ...*

3. Schnell gebückt und ausgewichen,
   denn es kommen – eins zwei drei –
   solche nassen, kalten Bälle
   auch an mir haarscharf vorbei!

   *Refrain ...*

Aus „Die Welt ist schön 2" von Karin Schaffner, Pohl-Verlag.

Lied gemeinsam singen und dabei eine Schneeballschlacht mit den Kissen machen *(Abb. 292)*.

Abb. 292

### *Mit Federn*

## „Im Hemperpemperland" – eine geturnte Bewegungsgeschichte

### Einleitung

- Die Kinder sitzen mit der Leiterin im Kreis um die bunten Federn. Die Leiterin hat eine Feder in der Hand.

- *Sie erzählt:*

Ein Wundervogel, schön und bunt,
flog übers weite Erdenrund,
kam auch ins Hemperpemper-Land.
Die Kinder schlummerten im Sand.
Der Vogel sprach: „Ich will sie wecken."
Er liebte andere zu necken.
Zum Kitzeln nahm er eine Feder
(die Leiterin kitzelt ein Kind)
und lachen musste bald ein jeder.
Der Wundervogel wünschte Glück,
ließ viele Federchen zurück
(auf die Feder zeigen).
Nehmt eine Feder zart zur Hand
und spielt im Hemperpemper-Land.
(Darauf achten, dass kein Gedrängel entsteht).

*Experimentierphase*

- Die Kinder pusten, werfen, fangen, tragen und balancieren die Feder, lassen sie fallen oder kitzeln sich damit.

### Hauptteil

Alle Kinder liegen mit ihrer Feder „schlafend" am Boden. Vor langer, langer Zeit lebten in einem fernen Land kleine Leute auf dieser Erde. Ihr Land hieß Hemperpemper-Land. Die kleinen Hemperpemper waren ein sehr glückliches Volk.

- Schon morgens, wenn sie aufwachten und sich die Augen gerieben hatten, lächelten sie sich freundlich an. – Aufrichten, dehnen, strecken und anlächeln.

- Kaum waren sie aufgestanden, da tanzten sie miteinander zu zweit, zu dritt oder zu vielen. Kein Hemperpemperle

Abb. 293

Abb. 294

blieb allein *(Abb. 293)*. – Die Kinder entscheiden, ob sie zu zweit, dritt oder zu vielen, ob sie mit Handfassung oder untergehakt tanzen wollen. Darauf achten, dass kein Kind allein bleibt.

Sie hatten sich eben alle sehr, sehr lieb und waren glücklich. Weil sie sich so lieb hatten und weil sie Hemperpemper waren, machten sie sich gegenseitig oft eine Freude. Dazu nahmen sie ihre wunderschöne, zarte, flaumenweiche Streichelfeder. – Zeigt sie mal alle! Federn hoch über dem Kopf hin- und herwiegen *(Abb. 294)*.

Damit streichelten sie sich gegenseitig. – Herumgehen und gegenseitig im Gesicht, am Hals, an den Armen oder Beinen streicheln. Dazu sangen sie manchmal ihr Streichellied: „Lasst uns einmal spazieren gehn und liebe andere Kinder sehn, denn streicheln möchte ich – doch wen? Bei dir, da bleib ich stehn. Ich streichel dich, du streichelst mich, oh, ist das wonnig-wonniglich, lalalalalalalalalalalalalala *(Melodie siehe Seite 73)*.

Aus „Die Welt ist schön 1“ von Karin Schaffner, Pohl-Verlag.

Sie hatten sich eben sehr, sehr lieb, aber das sagte ich ja schon. Sie zeigten sich gegenseitig Übungen mit der Feder, die alle nachahmten. So spielten sie den lieben, langen Tag. – Jedes Kind darf eine Übung vormachen, die von allen nachgeahmt wird *(Abb. 295)*.

Doch eines Tages geschah etwas. Ein großer, grüner Geizkragen kam in das Land der Hemperpemper. Die Leiterin wickelt sich den grünen Schal um den Hals. Er schaute kopfschüttelnd zu, wie sich die kleinen Hemperpemper ihre Streichelfedern zupusteten. – Sie pusten sie aus ihrer „Handschüssel“ zu anderen Kindern und fangen deren Federchen *(Abb. 296)*.

Der große, grüne Geizkragen beugte sich hinab und flüsterte allen kleinen Leuten etwas ins Ohr. Die Leiterin geht herum und flüstert: „Nicht hergeben! Selbst behalten! Aufpassen!“ Reizvoll ist aber auch, nur Unverständliches zu murmeln und die Interpretation den Kindern zu überlassen.

Abb. 295

Abb. 296

Abb. 297

Abb. 298

Abb. 299

● Nach und nach hörten alle Hemperpemper auf zu lachen und zu spielen. Sie versteckten ihre Federn und gingen finster und misstrauisch umher. – Federn verstecken, z. B. in den hohlen Händen, im Ärmel, unter der Bank. Die Kinder frei gestalten lassen. Mit abweisenden, bösen Mienen, evtl. verschränkten Armen umhergehen.

● Der große, grüne Geizkragen sah zufrieden, was er angerichtet hatte (schadenfroh die Hände reiben) und ging fort (grünen Schal ausziehen und weglegen). Was hatte er ihnen nur ins Ohr geflüstert??? Die kleinen Leute vom Hemperpemper-Land streichelten sich nicht mehr mit ihren Federchen und spielten nicht mehr miteinander. Alle Liebe und Freude war von ihnen fortgegangen. Wie versteinert standen sie herum. – „Erstarrt" halten alle Kinder in der Bewegung inne.

● Das Schlimmste von allem war, dass sie davon krank wurden. Sie bekamen Kopf- und Bauchschmerzen, Windpocken, Masern, Husten und Schnupfen. Schmerzgebeugt, hustend und niesend oder sich juckend gingen sie umher. – Die Kinder gehen gebeugt umher und halten ihren Kopf oder Bauch, husten, niesen oder jucken sich *(Abb. 297)*. – Es ging ihnen sehr, sehr schlecht. Alles Glück war aus dem Hemperpemper-Land davongegangen.

● Doch eines Tages geschah etwas. Zwei kleine Hemperpemper-Kinder tuschelten miteinander. – Zwei Kinder bestimmen, die sich etwas zutuscheln. Ihre Streichelfedern waren ihnen wieder eingefallen. Sie holten sie heraus und streichelten sich *(Abb. 298)*.

● Bald fingen sie an zu lachen und zu tanzen. Es ging ihnen immer besser. Die beiden Kinder tanzen miteinander. So gut tut es, jemanden lieb zu haben, jemanden zu streicheln und gestreichelt zu werden.

● Ob die beiden wohl versuchen, auch die anderen Hemperpemper-Kinder wieder glücklich zu machen? Jaaa! Die beiden begannen, mit ihren Federchen die anderen kleinen Leute zu streicheln und immer mehr Hemperpemperle streichelten und streichelten und streichelten.

● Und das Wunder geschah. Sie streichelten und tanzten sich gesund. Die kleinen Leute vom Hemperpemper-Land wurden wieder sehr, sehr glücklich. Voller Übermut spielten sie mit ihren Federchen. – Die Kinder frei gestalten lassen *(Abb. 295)*. – Bald sangen und spielten sie ihr fast vergessenes Streichellied.

### Schlussteil

Und dann? Was geschah dann??? – Sie flogen aus in die Welt, um mit ihren Streichelfederchen andere Menschen glücklich zu machen. Die Kinder dürfen ihr Federchen mit nach Hause nehmen. Denkbar ist aber auch, die Federn vor dem Schlussteil einzusammeln, darüber zu sprechen, dass man sich auch ohne Federchen streicheln kann und das Schlusslied ohne Federn zu spielen.

***Mit Säckchen***

## „Der Herbst ist da" – vielfältiges Schulen von Grundtätigkeiten

### Einleitung

*Handgeräte:* Säckchen in den Farben Rot, Blau, Grün, Gelb (Wehrfritz, Postfach 1107, 8634 Rodach).

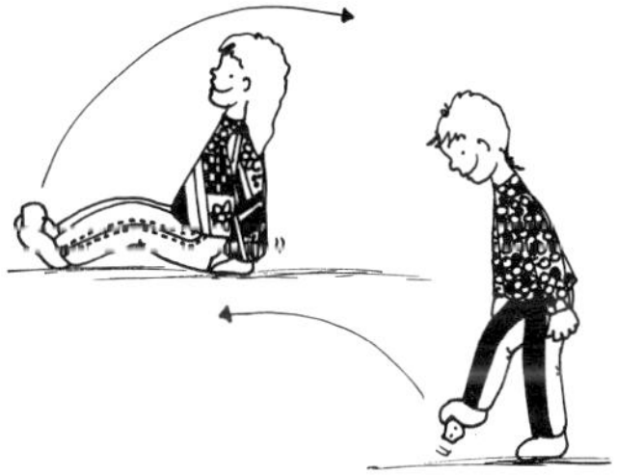

Abb. 300

Lied „Der Herbst, der Herbst, der Herbst ist da, ... (Fidula 1170, Fidulaverlag, 5407 Boppard/Rhein). Offene Aufstellung.

- *Vorspiel:* Ruhig stehen, dann 16 Schritte gehen, dann Stand und vier Handklatsche, vier Stampfer (links, rechts und links, rechts), anschließend Hände auf die Hüften und am Ort mit acht Schritten drehen. Beim Zwischenspiel wieder ruhig stehen. Dann beginnt der Tanz von vorn. Vier Durchgänge.

## Hauptteil

Säckchen hängen verteilt nach Farben auf den Sprossenwänden, jedes Kind holt sich ein Säckchen.

- Säckchen untersuchen: Ist es groß oder klein, warm oder kalt, hart oder weich, welche Farben haben sie, was könnte darin sein usw.?
- Experimentieren: Was könnt ihr mit dem Säckchen machen? Die Kinder werden es auf verschiedene Weise tragen, werfen usw.

*Thema „Werfen“.* In welcher Ausgangsstellung könnt ihr das Säckchen werfen und holen?

- Bauchlage und hinterherkriechen *(Abb. 299).*
- Bankstellung und hinterherkrabbeln.
- Kniestand und auf den Knien hinterhergehen *(Abb. 299).*
- Sitz und auf dem Po hinterherrutschen.
- Stand und hinterherlaufen *(Abb. 299).*
- Könnt ihr das Säckchen auch mit den Füßen werfen?
- Stand: Säckchen mit den Zehen greifen und werfen *(Abb. 300).*

Abb. 301

- Sitz: Säckchen mit beiden Füßen fassen, mit Schwung auf den Rücken rollen und dabei das Säckchen hinter den Körper werfen *(Abb. 300).*

*Thema „Tragen – Balancieren“.* Wie könnt ihr das Säckchen tragen oder balancieren?

- Auf dem Kopf (könnt ihr dabei in Bauchlage/Sitz/Hocke usw. gehen?),
- Auf der Handfläche oder dem -rücken,
- Auf der Schulter,
- Auf dem Fuß,
- Auf dem Bauch (im Krebsgang oder Rückenlage),
- Auf dem Rücken (in der Bauchlage, Bankstellung oder gebeugt gehend),
- Säckchen unter Kinn, Arm oder zwischen die Knie geklemmt usw.

*Farbenspiel „Obstbäume“.* Vier verschiedenfarbige Säckchen hängen an vier Sprossenwänden verteilt.

- Was könnten das für Obstbäume sein? (Grün: Apfelbaum, Gelb: Zitronenbaum, Blau: Pflaumenbaum, Rot: Kirschbaum usw.) Zur Musik hüpfen die Kinder mit ihren Säckchen durch den Raum, mit Musikende bringen sie ihr „Obst“ zum richtigen „Baum“ und hängen es nach mehrmaligen Wiederholungen beim letzten Durchgang auf *(Abb. 301).*

## Schlussteil

*Lied:* „Der Herbst, der Herbst ...“

- Ausführungsvariante mit Handfassung im Kreis: Acht Schritte links, dann acht Schritte rechtsherum, im Stand vier Handklatsche, vier Stampfer, anschließend Hände auf die

Abb. 302

Abb. 303

Abb. 304

Hüften und am Ort mit acht Schritten drehen. Beim Zwischenspiel ruhig stehen.

### *Mit Puppen oder Teddys*

# Gemeinsam mit der Puppe oder dem Teddy turnen

## Einleitung

- Zur Musik mit der Puppe auf dem Arm vor- oder rückwärts gehen, laufen, hüpfen. Mit Musikende die anderen Puppenmütter und -väter begrüßen. Mehrmals durchführen.
- Die Puppe möchte selbst laufen: Sie – vor- oder rückwärtsgehend – laufen lassen.
- Nun ist sie müde und möchte huckepack reiten. (Wie die kleinen Kinder!!!)

## Hauptteil

(Evtl. Kirchweih- oder Volksfestbesuch)

- Die Puppe will Karussell fahren (alle Lösungen gelten lassen und gemeinsam ausprobieren), z. B.: Im Stand mit der Puppe schnell im Kreis drehen – im Sitz Puppe zwischen die Füße geklemmt auf dem Po im Kreis drehen – in der Bauchlage mit der Puppe drehen – mehrere Kinder bilden mit ihren Puppen einen Kreis, der sich dreht, die Puppe an Hand und Fuß fassen und „fliegen" lassen usw.
- Die Puppe will schaukeln, z. B.: Im Stand die Puppe hin- und herschwingen – im Grätschstand hochtief schwingen – Sitz und Rückenlage im Wechsel, dabei Puppe in Händen oder zwischen den Füßen – in der Rückenlage Beine heben und senken mit Puppe zwischen den Füßen *(Abb. 302)*.
- Die Puppe will reiten, z. B.: Huckepack im Pferdchengalopp – auf dem Rücken in der Bankstellung *(Abb. 303)*, auf dem Bauch im Krebsgang.
- *Füße*. Könnt ihr die Puppe im Stand mit den Füßen aufheben und in die Hände geben (abwechselnd links und rechts, *Abb. 304*)?
- Könnt ihr die Puppe mit den Füßen ausziehen? (Zum Anziehen könnt ihr dann die Hände nehmen!)
- *Spaziergang*. Die Puppe soll sich Wege suchen, wo euer Körper Hindernis, Brücke oder Tunnel ist: Z. B.: Im Grätschstand um die Beine – im Sitz auf den gestreckten Beinen hin und her – im Sitz unter den gehobenen Beinen durch – um den Körper herum – in der Rückenlage unter dem gehobenen Po hindurch.
- Tanzt mit eurer Puppe auf dem Arm!

Abb. 305

Abb. 306

Abb. 307

- Die Puppen auf den Boden setzen: Um alle Puppen zur Musik gehen, laufen, hüpfen, bei Zuruf „Regen“ schnell zur Puppe zurück und über ihr ein Dach bauen (Winkelliegestütz), damit sie nicht nass wird. Mit Musikbeginn wieder von vorne.

### Schlussteil

Die Puppen sitzen am Rand und schauen zu.

- Partnerübung: Kind A zieht seine „Puppe“ (Kind B) auf *(Abb. 305)* und diese bewegen sich marionettenhaft zur Musik. Mit Musikende in der Bewegung erstarren. Wechseln.

***Mit Luftballons***

## Die „Osterhasenstunde“ – eine geturnte Bewegungsgeschichte

### Einleitung

Ein Schwungtuch liegt mit etwas hochgeschobenem Rand als „Nest“ geformt am Boden, darin für jedes Kind ein „Luftballon-Ei“ (Reserveluftballons liegen bereit).

- Alle Hasenkinder sitzen um das Nest. Sie erfahren, dass echte Eier sehr zerbrechlich sind und deshalb alle Hasenkinder vor der Osterarbeit mit „Übungseiern“ proben müssen *(Abb. 306)*. Lied: Das „Riesenei“ aus „Die Welt ist schön 1“ (Karin Schaffner, Pohl-Verlag, Celle).
- Mit Kreishandfassung um das Nest gehen oder hüpfen, dabei mehrmals den 1. Vers singen.

*Experimentierphase*

- Jedes Kind erhält einen Luftballon und probiert, was man alles mit dem Luftballon machen kann. Die Kinder werden ihn auf verschiedene Weise tragen, balancieren, tupfen, prellen, rollen, werfen, fangen oder als Musikinstrument benutzen *(Abb. 307)*.
- Zuletzt setzen sich alle zusammen, singen noch einmal den 1. Vers und machen dazu ein Luftballonkonzert (kratzen, zupfen, schlagen).

### Hauptteil

- Rollt oder schiebt den Luftballon mit verschiedenen Körperteilen am Boden vorwärts und nehmt dabei auch verschiedene Ausgangsstellungen ein, z. B.: Mit dem Kopf in der Bauchlage oder Bankstellung, mit der Hand in Bauchlage, Bankstellung oder beim Gehen, mit dem Ellenbogen in der Bankstellung, mit dem Fuß im Sitz, mit dem Knie im Kniestand.

Abb. 308

Abb. 309

Abb. 310

- Könnt ihr den Luftballon auch um euren Körper rollen, z. B.: Im Stand um die Füße, im Sitz um den Körper, im Winkelliegestütz um eine Hand?
- Könnt ihr den Luftballon auch auf eurem Körper rollen, z. B.: An den Beinen hoch, um die Taille herum, hoch zum Hals, um den Hals herum, über den Kopf, auf dem Arm entlang *(Abb. 308)*?
- Tupft oder prellt den Luftballon mit verschiedenen Körperteilen auf den Boden und nehmt dabei auch verschiedene Ausgangsstellungen ein, z. B.: Mit der Hand in Bauchlage, Bankstellung, im Sitz oder Stand, mit dem Fuß im Stand, mit dem Ellenbogen, Finger, Kopf, im Stand oder Kniestand.
- Transportiert den Luftballon auf verschiedene Weise. Balancieren auf verschiedenen Körperteilen in verschiedenen Ausgangsstellungen, z. B.: Auf dem Kopf im Sitz oder Stand, auf der Hand in der Bauchlage, im Sitz oder Stand, im Nacken in Bankstellung oder Stand, auf dem Fuß im Sitz oder Stand, auf dem Bauch im Krebsgang.
- Einklemmen des Luftballons zwischen zwei verschiedene Körperteile, z. B.: Zwischen die Hände in Rückenlage, Sitz oder Stand, Zwischen die Füße in Bauchlage, Sitz oder Stand, zwischen die Knie im Sitz, zwischen Arm und Oberkörper in Bauchlage oder Stand, zwischen Hände und Bauch im Sitz oder Stand, zwischen Hand und Knie im Stand.

Abb. 311

- Werft den Luftballon in den verschiedenen Ausgangsstellungen weg und saust, rutscht oder krabbelt hinterher, z. B.: In der Bauchlage, im Sitz, Stand, durch die gegrätschten Beine nach hinten *(Abb. 309)*.
- Könnt ihr statt der Hände auch die Füße nehmen, z. B.: Luftballon im Sitz wegwerfen oder in der Rückenlage über den Kopf nach hinten *(Abb. 309)*?
- Werft den Luftballon in den verschiedenen Ausgangsstellungen hoch und versucht ihn zu fangen, z. B.: In der Bauchlage, im Sitz, Kniestand, Fersensitz, Stand.

*Partnerübungen*

Die Paare legen ein „Luftballon-Ei" im Nest ab.

- Rollt oder schiebt euch den Luftballon in verschiedenen Ausgangsstellungen zu.
- Tupft oder prellt euch den Luftballon in verschiedenen Ausgangsstellungen zu *(Abb. 310)*.
- Transportiert den Luftballon, indem ihr ihn zwischen eure Körper klemmt, in den verschiedenen Ausgangsstellungen *(Abb. 311)*.
- Werft oder tupft euch den Luftballon in verschiedenen Ausgangsstellungen zu.

## Schlussteil

*„Eiertrockenmaschine"*. Alle Osterhasenkinder haben sich gut benommen und kein (oder fast kein) „Luftballon-Ei" ist kaputtgegangen. Nun geht's zur „Eiertrockenmaschine".

Abb. 312

Abb. 313

Abb. 314

Damit die Farben schnell trocknen, müssen alle „Luftballon-Eier" ununterbrochen in die Luft getupft werden. Keins darf auf den Boden fallen. Ob ihr das schafft??? *(Abb. 312)*

„Trockenzeit" durch Tamburintrommeln anzeigen oder echten Wecker mitbringen und klingeln lassen, wenn die „Eiertrockenmaschine" fertig ist. Alle Hasen dürfen ihre „Luftballon-Eier" wieder ins „Nest" legen.

Kreis um das „Nest" machen und mit Handfassung um das Nest tanzen, dabei den 1. und 4. Vers des Liedes singen.

1. Wir streichen heut ein Riesenei
   für den Riesen Timpetei,
   dideldudeldei.
4. Und fertig ist das Riesenei
   für den Riesen Timpetei,
   dideldudeldei.

### *Mit Tüchern und Betttüchern*

# Vielfältige Spiel- und Übungsformen mit Tüchern

## Einleitung

*Handgeräte:* Tücher (rot und gelb, Fa. Wehrfritz, Rodach).

Die Tücher liegen gleichmäßig verteilt am Boden: Jedes Kind sucht sich ein Tuch. Gespräch über den Herbstwind: Was bläst er gern weg (Blätter, Staub, Papier, Hüte, Tücher usw.)?

*„Vorsicht vor dem Wind"*. Zur Musik gehen, laufen, hüpfen alle in Kurven um die Tücher. Bei Zuruf „Der Wind kommt" laufen alle zu ihrem Tuch und decken es mit einem Körperteil zu, z. B. Bauchlage auf dem Tuch.

Unter welchem Körperteil könnt ihr euer Tuch noch verstecken (Rücken, Po, Hände, Füße usw.)?

## Hauptteil

*Tuchtransport*. Assoziationen erfragen und anregen.

- Auf dem Kopf (Hut, Verband usw.).
- Um den Hals (Schal).
- Auf der Hand (Zauberer).
- Auf dem Arm (Ober, Gipsarm, Wäscheleine usw.).
- Auf dem Rücken in der Bankstellung (Packesel usw., *Abb. 313*).
- Auf dem Bein im Sitz (Verband usw.).
- Auf dem Rücken gebeugt gehend (Rucksack, Nikolaus usw.).
- Unter das Kinn geklemmt (Lätzchen usw.).
- Vor dem Bauch in schnellem Lauf, das Tuch klebt am Bauch (Schürze usw., *Abb. 313*).
- Weitere Möglichkeiten: Das Tuch am Boden vorwärts schieben mit Händen oder Füßen im Gehen, Krabbeln oder Sitzen *(Abb. 313)*. Mit welchem Körperteil könnt ihr das Tuch noch schieben?
- Das Tuch kann auch eingeklemmt werden unter Kinn oder Arme, zwischen Knie, Hände, Füße.
- *Thema: „Wind"*. Könnt ihr mit dem Tuch auch „Wind" machen?
- Mit dem Tuch vorwärts laufen, es schütteln, kreisen (vor, neben, über dem Körper), schwingen *(Abb. 314)*. Könnt ihr das auch mit den Füßen?

Abb. 315

Abb. 316

Abb. 317

*Bewegungsspiel:*

„Tüchlein, Tüchlein, flattere im Wind,
dreh dich auf der Stelle,
Tüchlein, Tüchlein, flattere im Wind,
hei, wie geht das schnelle!"

Die Kinder probieren verschiedene Lösungsmöglichkeiten. Mehrmals wiederholen. *Melodie:* „Gretel, Gretel, liebes Gretelein ..." oder Text sprechen.

*Thema: „Blätter".* Tücher hochwerfen und das Fallen beobachten. Nachahmen. Mehrmals spielen. Pustet die Blätter weg!

## Schlussteil

*Spiel: Blätter und Wind.* Alle Kinder liegen entspannt am Boden, ihr Tuch in der Hand. Es ist „windstill". Da kommt ein leiser Wind (die Leiterin mit Tuch, später ein Kind), der flüchtig mit seinem Tuch ein „Blätterkind" nach dem anderen berührt. Dazu leise Musik. Jedes berührte „Blätterkind" erhebt sich und tanzt und bewegt sich mit seinem Tuch, bis die Musik bzw. der Wind aufhört. Dann sinken alle ganz langsam zu Boden *(Abb. 315)*. Zum Abschluss lassen alle ihr Tuch sinken und tanzen in den Umkleideraum.

Abb. 318

# Betttücher als interessante Spiel- und Übungsgeräte

## Einleitung

- Zur Musik einzeln gehen, laufen, hüpfen, vorwärts, rück- oder seitwärts. Auf Zuruf „drei" (vier/fünf) finden sich je drei (vier/fünf) Kinder zu Familien zusammen und bewegen sich gemeinsam durch den Raum, dabei zur Schlange durchgefasst.
- Mit Musikende und Zuruf „Gefahr" drängen sich alle „Familienmitglieder" eng aneinander *(Abb. 316)*. Mit Einsatz der Musik auflösen und von vorn beginnen. Mehrmals wiederholen. Weitere Zurufe vereinbaren:
- *„Schlange".* Die Familien gehen als Schlange weiter.
- *„Kreis".* Die Familien bilden Kreise und bewegen sich im Kreis herum.
- *„Turm".* Die Familien legen sich übereinander zu vielen kleinen „Türmen" *(Abb. 317)*. Mehrmals durchspielen.

## Hauptteil

Sechs bis acht Kinder an einem Betttuch:

- Tuch ausschütteln *(Abb. 318)*.

Abb. 319

Abb. 320

Abb. 321

- Strecksitz, Tuch beidhändig gefasst: Gemeinsam heben und senken.
- Im Wechsel Rückenlage und Sitz mit Tuch-Hochhalte.
- Tuch mit den Zehen greifen und schütteln.
- Beine abwechselnd unter dem Tuch verstecken und auf das Tuch legen.
- Im Stand Tuch heben und senken.
- *„Klein, groß – Hände los!“* Bei „klein“ Tuch senken, bei „groß“ hochführen, bei „Hände“ wieder senken und bei „los“ Tuch hochwerfen. Das Herabsegeln beobachten *(Abb. 319)*.
- Vier Kinder tragen das Tuch straff gespannt spazieren, die anderen krabbeln immer unter dem Tuch mit. Wechseln *(Abb. 320)*.
- Vier Kinder schütteln das Tuch kräftig, die anderen krabbeln unter dem „Sturm“ durch. Wechseln.
- Vier Kinder versuchen, mit dem Tuch die ausgerissenen Familienmitglieder zu fangen. Wechseln.
- *Gespenster-Familien*. Alle liegen unbeweglich unter ihrem Tuch. Wenn die Uhr (Tamburin) zwölf schlägt, wacht das Gespenst auf und bewegt sich „huh“-rufend vorwärts, bis die Uhr eins schlägt. Dann liegt es sofort wieder unbeweglich unter dem Tuch *(Abb. 321)*.
- Das Betttuch zu einem langen Tau drehen: Versucht, so stark zu ziehen, als ob ihr das Tau zerreißen wolltet *(Abb. 322)*.
- Denkt euch Gangarten am liegenden „Tau“ aus. Beispiele: In der Grätsche darüber gehen, auf dem „Tau“ vor-, rück- oder seitwärts balancieren, die Hände balancieren auf dem „Tau“ und die Füße laufen links und rechts nebenher, zickzack hüpfen am „Tau“ entlang usw.
- Denkt euch Sprünge über das „Tau“-Hindernis aus *(Abb. 323)*. Beispiele: Vor-, rück- oder seitwärts, auf einem oder beiden Beinen, im Pferdchensprung usw.
- Betttücher wieder ausbreiten: Abwechselnd wird je ein Kind auf dem Tuch gezogen *(Abb. 324)*, vorsichtig leicht angehoben und zuletzt im Liegen aus- und eingewickelt.
- Zur Musik einzeln um alle Betttücher gehen, laufen, hüpfen, mit Musikende und Zuruf „Gefahr“ verstecken sich alle unter ihrem Tuch.

Abb. 322

Abb. 323

Abb. 324

Abb. 325

Abb. 326

Abb. 327

## Schlussteil

*Abschlussspiel: „Grunz-Pieps-Zähneklapper-Gurgel-Schniefschnauf-Familien"*

- Alle Familien sitzen auf ihren Betttüchern und suchen sich ein passendes Geräusch, das in dem Spiel ihre Sprache darstellt. Beispiele: Grunzfamilie – Piepsfamilie – Zähneklapperfamilie – Gurgel-, Pfeif-, Schnalz-, Pruste-, Blas-, Schnüffel-, Zisch- oder Summfamilie.
- Zur Musik sind alle Familienmitglieder einzeln unterwegs und gehen ihren Geschäften nach, mit Musikende eilen alle nach Hause, und dann haben sich alle viel zu erzählen *(Abb. 325)*. Mehrmals spielen. Zusätzlich verschiedene „Familien-Gangarten" ausdenken.
- Unterwegs können sich „Bekannte" treffen und sich in ihrer jeweiligen Sprache unterhalten.
- Zuletzt falten alle ihre Betttücher, räumen sie auf und verabschieden sich grunzend, schniefend, piepsend usw.

### *Mit Kopfkissenbezügen*

# Was man mit einem Kopfkissenbezug alles machen kann

## Einleitung

*Experimentierphase*

Jedes Kind erhält einen Kopfkissenbezug. Was könnt ihr mit dem Bezug machen?

- Die Kinder werden den Bezug auf verschiedene Art tragen, falten, knüllen, werfen, schieben oder sogar hineinkriechen *(Abb. 326)*. Anschließend wird ein kurzes Gespräch über ihre Erfahrungen geführt. Ist das Material hart oder weich, eher warm oder kalt, rauh oder glatt, leicht oder schwer? Welche Form hat der Bezug und wozu wird er gebraucht?

Alle Bezüge liegen gleichmäßig verteilt am Boden.

- Zur Musik in Kurven um alle Bezüge gehen, laufen, hüpfen, vor-, rück- oder seitwärts. Mit Musikende setzt sich jedes Kind auf seinen eigenen Bezug.
- Nun werden weitere Positionen mit den Kindern ausgedacht, z. B. mit Musikende mit dem Bauch auf den Bezug legen, Rückenlage unter dem Bezug einnehmen, mit den Füßen in den Bezug schlüpfen, im Stand Bezug über den Kopf stülpen.

Abb. 328

Abb. 329

Abb. 330

Abb. 331

## Hauptteil

- Balancieren des gefalteten Bezuges auf einem Körperteil, dabei in selbstgewählten Ausgangsstellungen sich fortbewegen. Auf ein Signal des Übungsleiters Körperteil und Ausgangsstellung wechseln *(Abb. 327). Beispiele:* Im Stand, Sitz oder in der Bauchlage den Bezug auf dem Kopf oder einem Handrücken balancieren; in der Bauchlage, Bankstellung oder im Stand auf dem gebeugten Rücken den Bezug balancieren.

- Den geknüllten Bezug in verschiedenen Ausgangsstellungen wegwerfen und so schnell wie möglich hinterherbewegen, z. B. den Bezug aus dem Sitz wegwerfen und auf dem Po hinterherrutschen; aus der Bauchlage wegwerfen und auf dem Bauch hinterherrutschen.

- Den geknüllten Bezug mit beiden Händen hochwerfen und fangen. Mit den Händen hochwerfen und mit einem Fuß fangen. Fuß wechseln *(Abb. 328)*. Wer hat weitere Hochwerf- und Fangideen?

- Den Bezug am Boden vorwärts schieben und auf ein Signal sofort einen neuen Körperteil einsetzen, z. B. in der Bankstellung mit den Händen vorwärts schieben. Den Kopf, Ellenbogen oder das Knie einsetzen. Im Stand mit beiden Füßen auf dem Bezug stehend vorwärts rutschen *(Abb. 329)*.

- Begriffe gestalten. Stellt die aufgerufenen Begriffe unter Einbeziehung des Bezuges anschaulich dar, bis ein neuer Begriff genannt wird. Der Übungsleiter sollte alle Lösungen der Kinder gelten lassen! *Beispiele:* Hubschrauber, Gepäckesel, Frau Holle, Wanderer, Schlafmütze, Windmühle, Gespenst, Ballspiel, Schaukel, Nikolaus, Hüpfball, Schlittenfahrt, Glockenläuten. Bei einzelnen Begriffen sind die unterschiedlichsten Lösungen möglich. Bei „Frau Holle“ kann der Bezug z. B. geschüttelt oder als Schneeflocke in die Luft geworfen werden *(Abb. 330)*.

- *Übungen zur Kräftigung der Fußmuskulatur*. Den Bezug mit den Füßen falten, entfalten, knubbeln, ausschütteln, aus dem Sitz hochwerfen, im Stand greifen und in die Hand übergeben. „Sackhüpfen“ – so leise wie möglich *(Abb. 331)*.

Abb. 332

## Schlussteil

- *Gespensterspiel*. Alle Kinder liegen „schlafend“ auf ihren „Kissen“, da schlägt die Uhr zwölf. Geisterstunde!!! Alle Kinder stehen auf, stülpen sich den Bezug über den Kopf und geistern „huhu“-rufend herum, bis die Uhr eins schlägt. Dann liegen alle wieder in ihren Betten. Mehrmals wiederholen *(Abb. 332)*.

Abb. 333

# Die „kleinen Gespenster“ – eine geturnte Bewegungsgeschichte

## Einleitung

Die kleinen Gespenster müssen bis zwölf zählen können, denn immer um zwölf Uhr ist Geisterstunde. Heute wird in der Gespensterschule fleißig geübt.

- Zur Musik herumgehen, -laufen, -hüpfen. Mit Musikende wird eine Zahl zwischen eins und zwölf aufgerufen, und entsprechend viele Gespenster fassen sich an den Händen und laufen huhu-rufend durch die Halle *(Abb. 333)*.
- Gespenster müssen auch viel Phantasie haben, deshalb denken sie sich neue Lösungen aus, z. B. mit Musikende bilden entsprechend viele Kinder einen Kreis *(Abb. 334)* und

Abb. 334

drehen sich, umarmen sich, oder stellen/setzen/legen sich nebeneinander.

## Hauptteil

Weil die Gespenster schon gut bis „zwölf“ zählen können, bekommen sie ihr Zaubergewand (Kopfkissenüberzug). Damit wird gespielt und geübt.

- *„Wind machen!“* Am Ort drehen und den Bezug mit einer Hand gefasst flattern lassen. – Bezug mit einer Hand gefasst, vor oder neben dem Körper kreisen. – Bezug über dem Kopf kreisen lassen. Bezug beidhändig gefasst hochtief schwingen oder schütteln. – Vorwärts laufen und Bezug flattern lassen *(Abb. 335)*.
- *Bezug hochwerfen* und mit verschiedenen Körperteilen auffangen. Mit den Händen hochwerfen und mit Kopf,

Abb. 335

Abb. 336

Abb. 337

Abb. 338

Hand, Bauch, Rücken, Knie oder Fuß fangen. Bezug im Sitz mit den Füßen hochwerfen und mit den Händen fangen. – Im Stand mit einem Fuß hochwerfen und mit Kopf, Hand oder Arm fangen usw. *(Abb. 336)*.

- *Übungen mit den Füßen*. Im Sitz den Bezug mit den Füßen falten und wieder entfalten. – Im Stand oder Sitz Bezug mit den Füßen knüllen. – Im Stand Bezug mit den Füßen fassen und in die Hände übergeben *(Abb. 337)*.

- *Im Sitz den Bezug mit den Füßen ausschütteln*. – Rückwärts gehen und den Bezug mit den Füßen gefasst hinterherziehen *(Abb. 338)*.

- *Fortbewegungsarten auf dem Bezug*. Beide Füße stehen auf dem Bezug und rutschen vorwärts. – Ein Fuß steht auf dem Bezug und rutscht vorwärts, der andere Fuß läuft nebenher. – Die Hände schieben in der Bankstellung den Bezug vorwärts. – Im Kniestand-/Fersensitz- oder Sitz auf dem Bezug vorwärtsrutschen. – Sackhüpfen *(Abb. 339)*.

- *„Geistern“*. Bezug über den Kopf und Oberkörper stülpen und in verschiedenen Ausgangsstellungen vor-, rück- oder seitwärts bewegen. Huhuhu! *(Abb. 340)*.

## Schlussteil

Die Gespenster haben alles gut gemacht und dürfen das erste Mal an einer Geisterstunde teilnehmen. Alle liegen ganz still am Boden. Gleich schlägt es „zwölf“. – Ist das spannend und unheimlich! Die Übungsleiterin schlägt auf dem Tamburin: Eins – zwei – drei – vier – fünf – sechs – sieben – acht – neun – zehn – elf – zwölf! Alle Geister gehen, tanzen oder rutschen „huhu“ rufend herum, bis die Uhr eins schlägt. Dann liegen sie alle wieder ruhig am Boden.

Abb. 339

Abb. 340

# Übungseinheiten mit „alltäglichen Gegenständen“

6

Abb. 341

Abb. 342

Abb. 343

*Mit alten Hüten*

# Kreative Spiel- und Übungsmöglichkeiten mit alten Hüten

## Einleitung

- Ein Kind trägt einen Hut. Alle gehen, laufen, hüpfen zur Musik, vor-, rück- oder seitwärts. Mit Musikende bestimmt das „Hutkind" eine Bewegung am Ort, die solange geturnt wird, bis die Musik wieder einsetzt. Nun wird der Hut an ein anderes Kind weitergegeben. Jedes Kind sollte einmal den Hut erhalten und damit die Bewegung angeben. *Bewegungsbeispiele:* Hand-, Fuß- oder Armkreisen, Arm- oder Beinschwingen, Zappeln mit den Fingern oder dem ganzen Körper *(Abb. 341)*. Stehen auf einem Bein und dabei ununterbrochen bewegen, trampeln.

## Hauptteil

- Alle Kinder bekommen einen Hut. „Spazierengehen" und mit Musikende oder auf ein anderes Signal Begrüßung ausdenken, z. B. Hut ziehen, tief verbeugen und dabei den Hut verlieren, Hüte aneinandertippen *(Abb. 342)*.

- Bis jetzt hattet ihr den Hut auf dem Kopf. Auf welchen Körperteilen könnt ihr ihn noch tragen? *Beispiele:* Im Gehen auf der hochgehaltenen Hand, auf dem waagerecht angewinkelten Arm, dem gebeugten Nacken, im Sitz auf den Knien oder dem hochgehaltenen Fuß, in Bauchlage oder Bankstellung auf dem Rücken, in Rückenlage auf dem Bauch oder dem hochgehaltenen Fuß *(Abb. 343)*.

- Denkt euch Wurfübungen mit dem Hut aus. *Beispiele:* Wegwerfen, werfen wie mit einer Frisbeescheibe, hoch in die Luft werfen, durch die gegrätschten Beine nach hinten oder im Sitz mit den Füßen hochwerfen *(Abb. 344)*.

- Legt den Hut auf den Boden und überwindet ihn als Hindernis. *Beispiele:* Bauchlage neben dem Hut, im hohen Liegestütz auf die andere Hutseite bewegen und dort wie-

Abb. 344

Abb. 345

Abb. 346

Abb. 347

Abb. 348

der Bauchlage einnehmen. Sitz neben dem Hut, Hände hinten aufstützen, Becken heben und über den Hut hinweg zur anderen Seite stützen. Hut übersteigen und überhüpfen, vor-, rück- oder seitwärts *(Abb. 345)*.

- Hut aufsetzen und aufgerufene Figuren mit ihren typischen Haltungen und Gangarten spielen, z. B. König, Cowboy, feine Dame, Dieb, Sultan, Kaspar, Polizist und Zauberer *(Abb. 346)*.

- Lied: *„Den alten Hut“,* Melodie: „Der Fuchs geht um“.

1. Den alten Hut, den alten Hut,
   den trag' ich gern, der steht mir gut.
2. Ich geh' herum, ich geh' herum,
   mal schau' ich frech,
   mal schau' ich dumm.
   Bäh!

- Mit Hut spazierengehen, auf „frech“, „dumm“ oder „Bäh!“ den anderen Kindern Fratzen schneiden oder lange Nasen machen *(Abb. 347)*.

Abb. 349

## Schlussteil

- *„Der Dieb geht um“.* – Alle Kinder sitzen im Kreis, die Hüte befinden sich auf dem Kopf. Der „Dieb“ geht ohne Hut außen um den Kreis herum, dazu wird das Lied vom Dieb gesungen. Beim zweiten „stiehlt was weg“ schnappt er sich einen Hut und läuft schnell weiter um den Kreis, verfolgt vom „bestohlenen“ Kind. Wenn er eher dessen frei gewordenen Platz erreicht, setzt er sich mit dem Hut dorthin und das verfolgende Kind wird neuer „Dieb“ *(Abb. 348)*.

*Text:*

1. Der Dieb geht rum, der Dieb geht rum,
   die Finger lang, den Buckel krumm.
2. Er stiehlt was weg, er stiehlt was weg
   und bringt es schnell in sein Versteck.

### *Mit Teppichfliesen*

# Viel Spaß mit Teppichfliesen

## Einleitung

*Experimentierphase*

- Die Kinder probieren, was man damit machen kann. Sie werden die Fliese auf verschiedene Art tragen, werfen, umkreisen, überhüpfen, auf ihr rutschen oder balancieren usw. *(Abb. 349)*.

*Aufwärmen*

Soviel Fliesen wie möglich liegen – mit der rutschfesten Seite nach unten – gleichmäßig am Boden verteilt.

Abb. 350

Abb. 351

Abb. 352

Abb. 353

- In Kurven um alle Fliesen gehen, laufen oder hüpfen. Auf Zuruf oder mit Musikende Sitz auf der eigenen Fliese.
- Wie vor, aber mit Musikende Sitz auf irgendeiner Fliese.
- Wie vor, aber rückwärts oder im Vierfüßlergang gehen. Mit Musikende Stand auf der Fliese oder im Vierfüßlerstand über der Fliese stehen.
- Zur Musik alle Fliesen überhüpfen oder umkreisen oder antippen.
- Von Fliese zu Fliese hüpfen.
- Findet ihr eure Fliese wieder?

## Hauptteil

- *Fliesentransport* (die Fliese darf den Boden nicht berühren). *Beispiele:* Beim Vor- oder Rückwärtsgehen die Fliese auf dem Kopf balancieren, mit Musikende tiefe Verbeugung machen, wobei der „Hut" vom Kopf fällt. Balancieren der Fliese auf Händen, Arm, Nacken, Tragen der Fliese in Hoch-, Tief- oder Vorhalte, in der Bankstellung auf dem Rücken *(Abb. 350)*, im Krebsgang auf dem Bauch, im Sitz auf den Beinen oder dem Kopf usw. Fliese unter Kinn oder Arm klemmen, zwischen Hände oder Knie.
- *Fliesenwerfen. Beispiele:* Wegwerfen, schnell hinter der Fliese hersausen. Beim Wegwerfen Fliese in drehende Bewegung versetzen (senkrecht oder waagerecht wie eine Frisbeescheibe), Fliese hochwerfen und zu fangen versuchen; wer kann sie auch beim Hochwerfen kreiseln *(Abb. 351)*? Wer kann die Fliese im Liegen oder Sitzen wegwerfen und hinterherrutschen *(Abb. 351)*?
- *Hindernisspringen. Beispiele:* Die Fliese vorwärts überspringen im Schritt- oder Schlusssprung oder auf einem Bein, dasselbe beim seitlichen Überspringen. Wer kann die Fliese auch rückwärts oder aus der Hocke überspringen *(Abb. 352)*?
- *Rutschen und Schieben* (rutschfeste Seite nach oben). *Beispiele:* Beim Vor- oder Rückwärtsgehen die Fliese mit den Füßen schieben oder ziehen; ein Fuß steht auf der Fliese, der andere schiebt an, wie beim Rollerfahren *(Abb. 353)*.

In der Bauchlage Schieben der Fliese mit den Händen, im Sitz Schieben der Fliese mit Händen oder Füßen, oder bei Sitz auf der Fliese vorwärts rutschen; im Vierfüßlergang die Fliese mit den Füßen nachziehen oder mit den Händen vorwärts rutschen.

- Wer kann sich im Stand auf der Fliese vorwärts bewegen, so schnell wie möglich von einem Hallenende zum anderen kommen, sich auch noch rückwärts bewegen *(Abb. 354)*?
- *Assoziationsspiele:* Aufgerufenen Begriff unter Einbeziehung der Fliese spielen (alle Lösungen gelten lassen!).
- *Beispiel: „Staubsauger"*. Möglichkeiten: Fliese liegt als „Teppich" am Boden und wird mit Händen oder Füßen

Abb. 354

Abb. 355

Abb. 356

Abb. 357

(= Staubsauger) bearbeitet, oder Fliese wird zum „Staubsauger", evtl. gerollt und der Hallenboden bearbeitet.

- *Begriffe:* Wandertag – Regenwetter – Karussell – Meer – Gepäckesel – usw. *(Abb. 355).*

## Schlussteil

- *Abschlussspiel:* Alle Kinder sitzen auf einer Fliese, ein Kind steht ohne Fliese in der Mitte oder geht um die Fliesen „spazieren". Plötzlich ruft es „Wechseln". Sofort suchen sich alle Kinder eine neue Fliese, auch das mittlere Kind versucht, eine zu bekommen. Gelingt dies, wird das übrige Kind der nächste „Ausrufer" *(Abb. 356).*
- *Variation:* Hunde krabbeln im Vierfüßlergang und suchen neue Hundehütte, Enten oder Frösche suchen in entsprechender Gangart neuen Teich, Pferd sucht galoppierend neuen Stall, Vogel sucht flügelschlagend neues Nest usw. Wegräumen der Fliesen: Großen Fliesenberg bauen.

# Partnerübungen und Spiele mit Teppichfliesen

## Einleitung

- Fliesen liegen gleichmäßig verteilt am Boden. Die Paare gehen, laufen, hüpfen mit Innenhandfassung in Kurven um alle Fliesen. Mit Musikende Stand oder Sitz auf der eigenen oder irgendeiner Fliese.
- Mit den Innenhänden je einen Fliesenzipfel fassen: Gemeinsam vorwärts gehen, laufen, hüpfen. Mit Musikende Stand auf der Fliese. Seitenwechsel *(Abb. 357).*

## Hauptteil

*Transportiert die Fliese gemeinsam, ohne dass sie Bodenberührung hat (Wechseln nicht vergessen). Beispiele:*

- Nebeneinander gehen, Fliese mit den Innenhänden in Hochhalte.
- Wie vor, aber in Vor- oder Tiefhalte.
- Hintereinander gehen, Fliese beidhändig gefasst in Hoch- oder Tiefhalte *(Abb. 358).*
- Stand gegenüber, Fliese beidhändig gefasst in Hoch- oder Vorhalte: Vor-, Rück- oder Seitwärtsgehen. Bei Vorhalte: Seitgalopp.
- Stand Rücken an Rücken, Fliese beidhändig gefasst: Seitgalopp.
- Bauchlage gegenüber, Fliese zusammengerollt beidhändig gefasst: Gemeinsam seitrollen, ohne dass die Fliese den Boden berührt *(Abb. 359).*
- Bankstellung eng nebeneinander, Fliese auf beiden Rücken: Vorsichtig vorwärts krabbeln.
- Sitz nebeneinander, Fliese mit den Innenhänden gefasst: Vorwärts rutschen usw. Alle Vorschläge gelten und ausprobieren lassen.

Abb. 358

Abb. 359

Abb. 360

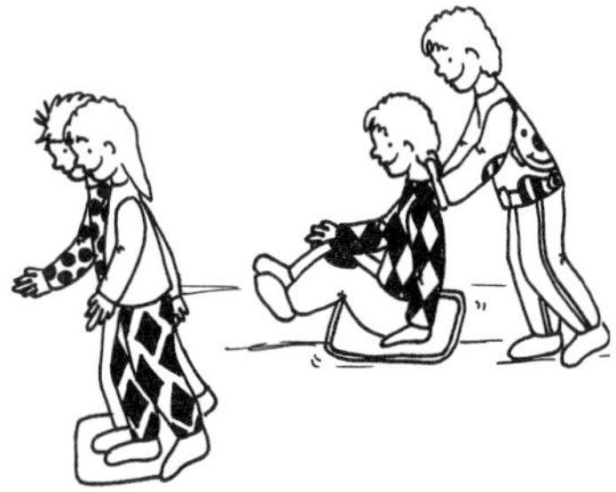

Abb. 361

Abb. 362

- Transport der Fliese durch Einklemmen zwischen Kind A und B: Zwischen Rücken, Bäuche, Schultern, Hände usw. (Abb. 360).

*Transportiert die Fliese gemeinsam auf dem Boden (Wechseln!). Beispiele:*

- Stand nebeneinander, Innenfüße auf der Fliese: Vorwärtsrutschen, Außenfüße schieben wie beim Rollerfahren an *(Abb. 361)*.
- Bankstellung, Innenhände auf der Fliese: Vor- oder rückwärts krabbeln.
- A-Kind sitzt auf der Fliese und wird von B-Kind geschoben oder gezogen (an Händen oder Füßen) *(Abb. 361)*.
- *Reaktionsspiel*. Zeichensprache: A-Kind macht die Zeichen und B-Kind führt die dazugehörigen Übungen aus: Handfläche nach unten = Bauchlage auf der Fliese. Handfläche nach oben = Rückenlage unter der Fliese *(Abb. 362)*. Faust = Schneidersitz auf der Fliese. Zeigefinger in Hochhalte = Ballenstand, Fliese in Hochhalte. Wechseln *(Abb. 362)*.
- *Telefonspiel*. Alle A-Kinder stehen mit einer zur Rolle geformten Fliese am Ohr gleichmäßig verteilt. Alle B-Kinder gehen, laufen, hüpfen zur Musik in Kurven um die „Telefonzellen“ herum. Mit Musikende von einem Telefon zum anderen gehen und etwas Schönes hineinflüstern. Wechseln *(Abb. 363)*.

*Fliese und Tennisball*. Wer kann den Ball auf der Fliese transportieren, ohne ihn zu verlieren? Fliese beidhändig gefasst, vor-, rück- oder seitwärts gehen.

- Wie vor, aber Fliese am Boden rutschen.
- Wer kann den Ball mit der Fliese weit wegwerfen?
- Wer kann ihn hochwerfen und wieder fangen *(Abb. 364)*?
- Zielwerfen: A-Kind hält die Fliese als Zielscheibe, B versucht, sie zu treffen. Wechseln.

## Schlussteil

- *Spiel „Wechsel“*. Soviel Fliesen wie Paare liegen gleichmäßig verteilt am Boden, alle Paare stehen auf einer Fliese, ein übriges Kind geht in Kurven um alle herum. Bei dessen Zuruf „Wechseln“ suchen sich alle Kinder eine neue Fliese und einen neuen Partner; auch das einzelne Kind. Wenn ihm dies gelingt, wird das neue, übrige Kind der nächste „Ausrufer“. Wegräumen der Fliesen.

Abb. 363

Abb. 364

Abb. 365

Abb. 366

Abb. 367

Abb. 369

# „Die Reise nach Insulania“ – eine geturnte Bewegungsgeschichte

## Einleitung

Soviel Teppichfliesen (Boote) wie Kinder liegen in einer Reihe an einer der Hallenwände. Außerdem liegt für jedes Kind ein kleines Kissen bereit. An den Sprossenwänden sind Seile angebunden (Zapfsäulen).

- Die Kinder finden im Turnraum eine Postkarte, auf der eine kleine Insel abgebildet ist. Mitten auf der Insel steht eine Palme und rund herum spielen Kinder mit einem kleinen Kissen (Abb. 365). Nanu, Post aus Insulania! Was steht denn auf der Karte? „Liebe Kinder! Viele Grüße aus Insulania. Bei uns gibt es viele Inseln im Meer, die leicht mit Booten zu erreichen sind. Kommt uns doch mal besuchen, es wird euch sicher gefallen. Wir haben lauter seltsame und lustige Angewohnheiten, die alle etwas mit einem Kissen zu tun haben. Wenn ihr kommt, bringt also ein Kissen mit. Wollt ihr?“ Jedes Kind hat ein Kissen.

Abb. 368

- Zuerst fahren wir mit dem Auto zur Küste. Das ist eine weite Strecke. Unterwegs muss getankt (Seil = Zapfsäule) und rück- oder vorwärts in Parkboxen eingeparkt werden, um Rast zu machen für ein paar Fitnessübungen. Die Kinder frei gestalten lassen. Das Kissen kann als Lenkrad benutzt werden beim Vorwärtslaufen oder auf dem Po rutschend, es kann als Auto dienen, wenn die Kinder darauf sitzen *(Abb. 366)*.
- An der Küste wartet schon ein Flugzeug auf uns, mit dem wir auf die andere Seite des Meeres fliegen. Arme ausbreiten – in einer Hand das Kissen – und losfliegen *(Abb. 367)*. Endlich sind wir da. Bremsen und landen! Schaut euch doch einmal um, ob ihr am Ufer irgendwo „Boote“ entdecken könnt. Die Kinder entdecken die Teppichfliesen.

## Hauptteil

- Alle Kinder nehmen sich ein „Boot“ (die Fliesen liegen mit dem Wollteil nach unten) und rudern los. Mit den Fliesen kreuz- und querrutschen. Verliert aber euer Kissen nicht!
- Wer Lust hat zu schwimmen, stoppt sein „Boot“ und springt ins Wasser – in der Bauchlage um die Fliesen herumrutschen *(Abb. 368)*. Falls eines der Kinder ein Meerungeheuer sieht, muss es alle warnen, damit es niemanden erwischt. – Hiiilfe, ein Haiiiii! So schnell wie möglich in die „Boote“ zurück.
- So langsam müsste nun die erste Insel zu sehen sein. Alle schauen durch ihr Fernrohr. Zwei leicht geöffnete Fäuste aneinandergelegt vor die Augen halten (Abb. 369). – Oh, wie komisch, die Leute laufen und krabbeln auf ihrer Insel herum und alle balancieren ein Kissen! Das ist die Insulania-Balancier-Insel.

Abb. 370

Abb. 371

Abb. 372

- Die Kinder landen auf der Insel (Fliesen an einer Hallenwand ablegen) und balancieren ihr Kissen. Sie haben tolle Ideen. Sie werden ihr Kissen auf dem Kopf, der Hand, dem Arm, dem Bauch, dem Rücken, dem Bein oder Fuß balancieren und sich dabei in der Bauch- oder Rückenlage, im Sitz, in der Bankstellung, im Kniestand oder im Stand vor-, rück- oder seitwärts bewegen *(Abb. 370)*. – Zurück zu den „Booten“! Dann geht es jeweils zur nächsten Insel. Durch das Fernrohr werden die Kinder sie entdecken und berichten, was die Leute auf dieser Insel mit ihren Kissen treiben. Klar, dass jedesmal gelandet und mitgemacht wird.

- *Hüpfinsel*. Vor-, rück- oder seitwärts im Schluss- oder Pferdchensprung über das Kissen springen *(Abb. 371)*.

- *Windinsel*. Kissen vor oder neben dem Körper kreisen, Kissen in Seithalte schnell am Ort um die eigene Achse drehen *(Abb. 372)*.

- *Tanzinsel*. Das Kissen als Tanzpartner benutzen *(Abb. 373)*, oder um die am Boden liegenden Kissen herumtanzen.

- *Blindinsel*. Augen geschlossen, die Füße ertasten sich den Weg und das Kissen wird zum Schutz beidhändig in Vorhalte getragen *(Abb. 374)*.

- *Fußinsel*. Nur die Füße spielen mit dem Kissen. Sie heben es auf, tragen oder werfen es, fahren im Sitz mit dem Kissen Karussell *(Abb. 375)*.

- *Musikinsel*. Das Kissen als Trommel, Gitarre, Geige, Akkordeon oder Trompete benutzen *(Abb. 376)*.

- *Hauinsel*. Mit dem Kissen gegen die Wände oder den Boden schlagen – (nicht auf andere Kinder!) *(Abb. 377)*.

- *Wurfinsel*. Kissen in verschiedenen Ausgangsstellungen hoch- oder wegwerfen, durch die gegrätschten Beine nach hinten, vom Rücken nach vorn, unter einem gehobenen Bein durch oder im Sitz mit den Füßen nach hinten werfen (Abb. 378).

- *Quatschinsel*. Kissen an den Po halten und damit wackeln, als Becher benutzen und daraus „trinken“, an einem Zipfel gefasst tragen, als wäre es etwas Ekelhaftes *(Abb. 379)*.

Abb. 373

Abb. 374

Abb. 375

Abb. 376

Abb. 377

Abb. 378

*Quetschinsel*. Immer zwei Kinder quetschen ihre Kissen zwischen zwei Körperteile und bewegen sich damit fort. Zwischen ihre Köpfe, Bäuche, Rücken, Pos oder Knie *(Abb. 380)*.

Es ist schön in Insulania, aber wir müssen trotzdem die Heimreise antreten. Alle steigen in ihre „Boote" und winken mit dem Kissen zurück *(Abb. 381)*.

Abb. 379

## Schlussteil

Wir müssen uns beeilen, sonst verpassen wir das Flugzeug. So schnell wie möglich mit der Fliese rutschen. Am Ufer anlegen und gleich mit dem Flugzeug starten (spielen wie beschrieben) bremsen und landen! Hoffentlich sind unsere Autos noch da. – Sie sind da. Einsteigen und zurückfahren. Fitnessübungen und Tanken nicht vergessen – (frei gestalten lassen).

Endlich sind wir wieder zu Hause. Unser Bett steht auch noch an seinem Platz. Alle fallen müde in die Betten (Kissen als Kopfkissen oder Zudecke benutzen) und schlafen ein. Chrrr – chrrr *(Abb. 382)*.

Abb. 380

Abb. 381

Abb. 382

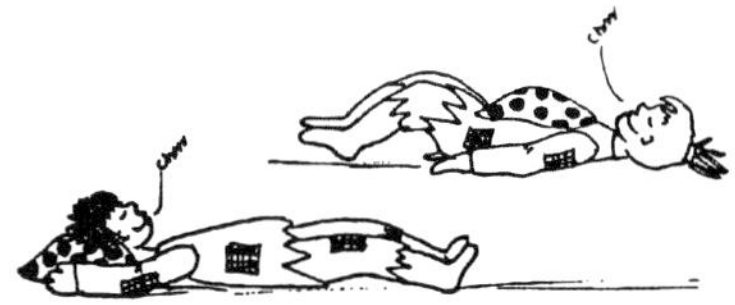

Abb. 383

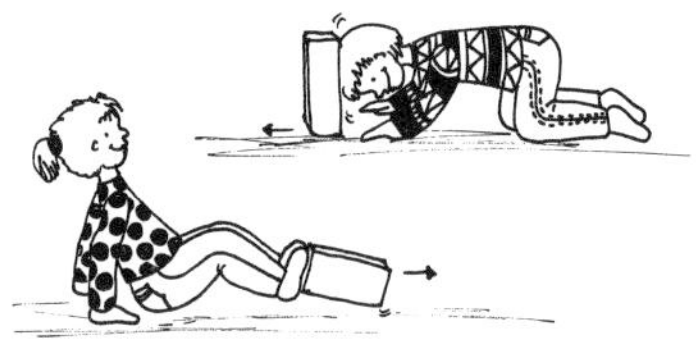

Abb. 384

Abb. 385

### *Mit Schachteln*

# Turnen mit Schachteln

## Einleitung

Jedes Kind bringt eine Schuhschachtel mit, die Schachteln liegen gleichmäßig verteilt am Boden.

- Zur Musik um alle Schachteln gehen, laufen, hüpfen. Mit Musikende Sitz bei der eigenen Schachtel und „Trommelwirbel". Mehrfach wiederholen.
- Setzt euch mit Musikende zu einer fremden Schachtel und macht „leise Musik" (Tupfen, Kratzen oder Klopfen). Mehrfach wiederholen.
- So, wer findet nun die eigene Schachtel wieder?
- *Farbenspiel*. Alle, die etwas Rotes (Weißes, Schwarzes usw.) anhaben, lassen ihr „Auto" fahren: Schachtel kreuz und quer schieben.

## Hauptteil

- Schachtel transportieren, ohne dass sie den Boden berührt: Zum Beispiel: Hoch über dem Kopf – auf den Händen – unter dem Arm – auf dem Bauch im Krebsgang usw. *(Abb. 383)*.
- Mit welchen Körperteilen könnt ihr die Schachtel am Boden vorwärts schieben? Zum Beispiel: Mit der Hand – dem Kopf – dem Fuß – dem Ellenbogen – dem Knie *(Abb. 384)*.
- Können eure Füße mit der Schachtel spielen? Setzt euch dabei hin. Zum Beispiel: Schieben, Drehen, Öffnen, senkrecht stellen, Schließen, Heben.
- Könnt ihr mit der Schachtel Ski/Schlittschuh/Rollschuh fahren?
- Lasst den Deckel fliegen: Hochwerfen – Weitwerfen – Drehen – als Wurfscheibe benutzen usw. *(Abb. 385)*.

*Die Schachtel als Musikinstrument*

- Wir probieren laute Geräusche: Mit beiden Händen schlagen – mit beiden Fäusten trommeln – mit den Fingerknöcheln klopfen usw.
- Wir probieren leise Geräusche: Über die Schachtel streichen, kratzen, auf die Schachtel tupfen, klopfen usw.
- Könnt ihr auch mit der Schachtel Geräusche erfinden? Zum Beispiel: Schachtel auf den Boden schlagen, Schachtel und Deckel aneinanderschlagen usw.
- *Führen – Folgen*. Zeichensprache: Wenn die Vormacherin eine Faust zeigt: Lautes Geräusch machen. Wenn sie die offene Hand zeigt, leises Geräusch machen. Erst als Gruppenübung, dann evtl. als Partnerübung.

## Schlussteil

- *„Spielmannszug"*. Ein „Dirigent" geht voraus, die Kapelle formiert sich dahinter und macht Musik. Frei gestalten lassen und zuletzt einen Umzug durch den Kindergarten oder die Vereinsräume bis in den Umkleideraum.

### *Mit Bierdeckeln*

# Viele, viele Bierdeckel ...

## Einleitung

Soviel Bierdeckel (B) wie möglich durch die Halle werfen, bis fast der ganze Boden bedeckt ist.

Abb. 386

Abb. 387

Abb. 388

- Zur Musik gehen, laufen, hüpfen, ohne auf einen B. zu treten, mit Musikende Stand auf dem B.
- Zur Musik nur auf B. gehen oder laufen *(Abb. 386)*, mit Musikende aufgerufenen Körperteil auf einen B. legen (Zeigefinger, Knie, Ellenbogen, *Abb. 387* usw.).
- Beim Herumgehen soviel B. wie möglich antippen.
- Auf Händen und Füßen herumgehen, ohne die B. zu berühren. Dasselbe, aber nur auf B. bewegen.

## Hauptteil

*Balancieren*

- Auf welchen Körperteilen könnt ihr den B. beim Vorwärtsgehen balancieren? (Kopf, Hand, Finger, Schulter, Arm, Stirn, Nacken, Fuß usw.)
- In welchen Ausgangsstellungen könnt ihr den B. noch balancieren und euch dabei vorwärts bewegen? (In der Bauchlage auf Kopf, Rücken, Hand usw., in der Rückenlage auf Stirn, Bauch, Hand usw., im Sitz auf Knien, Füßen, Hand usw., im Krebsgang auf dem Bauch und in der Bankstellung auf Hand, Kopf, Rücken usw., *Abb. 388*.)
- Zur Musik den B. auf dem Kopf balancieren, mit Musikende tiefe Verbeugung machen, wobei der B. vom Kopf fällt *(Abb. 389)*.
- Wer kann mit dem B. auf dem Kopf verschiedene Stellungen einnehmen, ohne ihn zu verlieren? (Schneidersitz, Bauchlage, Hocke, Stand usw.)

*Werfen*

- In welchen Ausgangsstellungen könnt ihr den B. wegwerfen und hinterherlaufen, -rutschen, -krabbeln? (Bauchlage, Bankstellung, Sitz, Stand.)
- Werft den B. hoch und versucht, ihn zu fangen.
- Könnt ihr ihn auch wie eine Frisbeescheibe werfen?
- Könnt ihr den B. auch mit den Füßen werfen? B. auf einen Fuß legen und wegwerfen *(Abb. 390)*, zwischen beide Füße klemmen und wegwerfen, im Sitz oder in der Rücklage den B. hinter den Kopf werfen *(Abb. 391)*.

Abb. 389

Abb. 390

Abb. 391

Abb. 392

Abb. 393

Abb. 394

Abb. 395

*Rutschen/Schieben*

- Mit welchen Körperteilen könnt ihr den B. vorwärts schieben? (Hand, Ellenbogen, Knie, Fuß.)
- Könnt ihr auch auf zwei B. stehen und vorwärts rutschen *(Abb. 392)*?
- Könnt ihr so auch „Twist“ tanzen *(Abb. 393)*?
- Könnt ihr mit einem oder zwei B. viele andere B. schieben *(Abb. 394)*?

*Transport durch Einklemmen*

- Zwischen Ohr und Schulter, Hand und Fuß, Hand und Hand, Fuß und Fuß, Hand und Knie, unter dem Arm, in der Kniekehle usw.?
- Bei größeren Kindern auch als Partneraufgaben möglich: Klemmt den B. zwischen euch ein und bewegt euch vorwärts, ohne ihn zu verlieren. Immer wieder neue Körperteile nehmen. Zwischen den Stirnen, Schultern, Bäuchen, Händen *(Abb. 395)*.
- Partnerübung, Transportunternehmen: A-Kind belegt B-Kind mit soviel B. wie möglich, die dann vorsichtig zum Kastenteil transportiert werden. Unterwegs verlorene werden beim nächsten Transport aufgeladen (verschiedene Ausgangsstellungen möglich, *Abb. 396*).
- Sich ununterbrochen gegenseitig mit den B. bewerfen.
- Alle Kinder balancieren ihren Bierdeckel auf dem Kopf. Wer seinen verliert, bleibt „verzaubert“ stehen, bis ein anderes Kind ihm den B. wieder auflegt. Freilich ohne den eigenen B. dabei zu verlieren *(Abb. 397)*.

## Schlussteil

- Alle B. so schnell wie möglich in eine Kastenform werfen. Es darf aber immer nur ein B. transportiert werden.
- Soviel B. wie möglich auf einmal zum Kasten transportieren.
- Hohe Türme bauen, die aber nicht einstürzen dürfen (also rechtzeitig aufhören und mit neuem Turm beginnen, *Abb. 398*).
- Gemeinsam ein großes Kunstwerk aus allen B. bauen.

Abb. 396

Abb. 397

Abb. 398

Abb. 399

Abb. 400

***Mit Haushaltsrollen***

# Was man mit Haushaltsrollen alles machen kann

## Einleitung

- Jedes Kind hat eine Rolle. Herumlaufen und versuchen, so viele Kinder wie möglich mit der Haushaltsrolle anzutippen *(Abb. 399)*.

- Alle Rollen gleichmäßig verteilt aufstellen. Herumlaufen und ununterbrochen alle stehenden Rollen mit der Hand umwerfen und alle liegenden Rollen wieder aufstellen *(Abb. 400)*.

## Hauptteil

- *Rolle waagerecht tragend balancieren (Abb. 401)*. Die Kinder werden die Rolle im Gehen auf dem Kopf, der Schulter, der Hand und dem Fuß tragend balancieren. In der Rückenlage auf dem Bauch, in der Bauchlage auf dem Rücken, der Hand und beim Krabbeln auf dem Rücken tragend balancieren. Auf ein bestimmtes Signal sofort eine neue Balancierart ausdenken oder nachmachen. – Könnt ihr die Rolle auf der Hand auch senkrecht balancieren? Handwechsel!

- *Rolle mit verschiedenen Körperteilen vorwärts rollen,* z. B. mit der Hand, dem Ellenbogen, Kopf, Knie und Fuß. Könnt ihr die Rolle auch auf euren Körpern rollen lassen *(Abb. 402)*? Im Sitz auf den gestreckten Beinen auf und ab. Im Hocksitz rollt die Rolle von den gebeugten Knien die Unterschenkel hinunter. Im Stand die Beine und den Körper hoch, vielleicht sogar über das Gesicht bis zu den Haaren.

- *Die Rolle hochwerfen und versuchen, sie zu fangen.* Könnt ihr die Rolle auch so werfen, dass sie sich in der Luft um sich selbst dreht?

Abb. 401

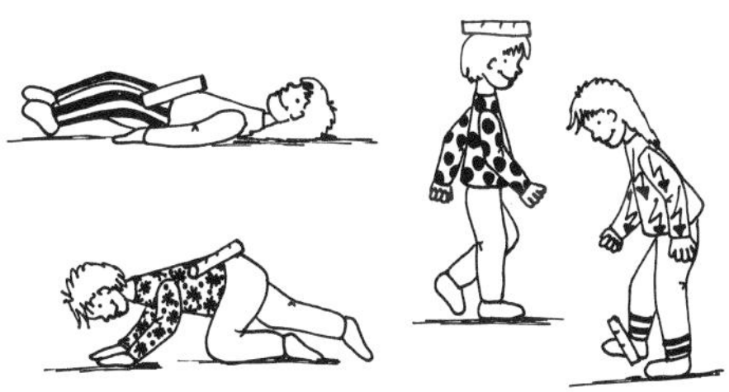

Abb. 402

Abb. 403

Abb. 404

Abb. 405

- *Spielt mit der Rolle die aufgerufenen Begriffe,* z. B. Spazierstock, Fechten, Babywiegen, Fußball, Detektiv und Zwerg Nase *(Abb. 403).*

*Partnerübungen*

- *Po schlagen.* Versuche, das andere Kind so oft wie möglich auf den Po zu schlagen, vermeide aber, selbst geschlagen zu werden.

- Transportiert die Rolle gemeinsam ohne Hände, indem ihr sie zwischen zwei Körperteile klemmt *(Abb. 404).*

*Die Haushaltsrolle als „Musikinstrument“*

- *Welche Geräusche könnt ihr mit den Rollen machen?* Mit den Fingern darüberstreichen oder -kratzen, darauftupfen oder -schlagen, hineintrompeten, -schmatzen, -prusten, mit der Rolle auf den Boden schlagen.

- *Rhythmische Begleitung.* Alle dürfen selbst wählen, welches Begleitgeräusch sie bei folgendem Text machen wollen:

Eine Maus läuft tipp-tipp-tapp
in der Gegend auf und ab.

Kommt mit Hungerbauch die Katz
springt zur Maus mit einem Satz.

Läuft die Maus schnell tipp-tipp-tapp
in ihr Mauseloch hinab.

- Anschließend gemeinsam rhythmische Gestaltung. Erste und zweite Zeile mit dem Finger auf die Rolle tippen, dritte und vierte Zeile über die Rolle streichen, bei Satz mit allen Fingern auf die Rolle schlagen. Fünfte und sechste Zeile wie zu Beginn.

### Schlussteil

- *Spielmannszug.* Voran geht der Dirigent oder die Dirigentin mit dem Rollen-Taktstock, dahinter die Musikanten. Die „Trompeter“ tuten eine den Kindern vertraute Melodie in die Rollen, z. B. „Wann und wo“ oder „Heim, heim, heim“, und alle anderen spielen die Begleitung *(Abb. 405).*

***Mit Zeitungen***

# Der „Zeitungsball“ als Turngerät

### Einleitung

*Materialbedarf:* Ein verschnürtes Zeitungspaket, ein Kastenteil; einen zwischen zwei Sprossenwänden befestigten, hochhängenden Reifen; einen an Ringen befestigten freihängenden Reifen; eine bis drei Waschmitteltonne(n), einen liegenden Reifen; drei Medizinbälle; einen Stab; eine Langbank und eine Weichbodenmatte.

- Das Zeitungspaket entknoten und „neugierig“ in die obenliegende Zeitung hineinschauen. Den Kindern eine alte Nachricht vorlesen, z. B. – im Sommer – „Glatteisunfälle am Marktplatz“. Feststellen, dass die Zeitung uralt ist, sie zum Ball knüllen und fortwerfen: *Ah, ein Ball zum Spielen – ein Zeitungsball!*

- Alle Kinder bekommen ein Doppelblatt und formen sich einen Ball.

Abb. 406

Abb. 407

Abb. 408

- Die Kinder werden den Ball tragen, balancieren, rollen, werfen, fangen, fallen lassen, kneten und feststellen, dass man ihn nicht prellen kann.

## Hauptteil

- Balanciert den Zeitungsball (Z-Ball) auf verschiedenen Körperteilen und versucht es auch in verschiedenen Ausgangsstellungen. Auf ein Signal beginnt ihr mit einer neuen Form.
- Im Gehen den Z-Ball auf der Handinnenfläche, dem Handrücken oder auf dem Kopf balancieren *(Abb. 406)*.
- Beim Rutschen auf dem Bauch oder Rücken den Z-Ball auf dem Rücken oder dem Bauch balancieren *(Abb. 406)*.
- Beim Krebsgang vorwärts den Z-Ball auf dem Bauch balancieren *(Abb. 406)*.
- Rollt den Z-Ball in unterschiedlichen Ausgangsstellungen um möglichst viele Körperteile. Auf ein Signal beginnt ihr mit einer neuen Form. *Beispiele:*

Abb. 409

- Den Z-Ball im Stand um die geschlossenen Füße, im Grätschstand um den linken oder rechten Fuß oder in Form einer Acht rollen *(Abb. 407, linke Figur unten)*.
- Den Z-Ball im Winkelliegestütz abwechselnd um die linke oder rechte Hand rollen *(Abb. 407, linke Figur oben)*.
- Den Z-Ball im Schneider- oder Strecksitz um den Körper rollen *(Abb. 407, rechte Figur oben)*.
- Den Z-Ball im Hocksitz um die Füße oder in Form einer Acht um Körper und Füße rollen.
- Den Z-Ball in der Rückenlage unter dem gehobenen Po und um den Kopf herumrollen *(Abb. 407, rechte Figur)*.
- Spielt mit eurem Körper „schräge Ebene“ und lasst den Z-Ball abwärts rollen. *Beispiele:*
- Den Z-Ball im Hocksitz die Unterschenkel abwärts rollen lassen *(Abb. 408, Figur links unten)*.
- Den Z-Ball im Strecksitz durch Heben und Senken der Beine auf den Beinen hin- und herrollen lassen *(Abb. 408, Figur links oben)*.
- Den Z-Ball im Stand oder Kniestand den Rücken hinunterrollen lassen *(Abb. 408, Figur Mitte und rechts)*.
- Werft den Z-Ball aus verschiedenen Ausgangsstellungen so weit ihr könnt und lauft, rutscht oder robbt hinterher. *Beispiele:*
- Den Z-Ball im Sitz wegwerfen und hinterherrutschen *(Abb. 409, Figur Mitte)*.
- Den Z-Ball in der Bauchlage wegwerfen und hinterherrobben.
- Den Z-Ball im Stand hochwerfen und fangen *(Abb. 409, Figur links)*.
- Den Z-Ball im Kniestand hochwerfen und fangen *(Abb. 409, Figur rechts)*.

Abb. 410

Abb. 411

Abb. 412

● Könnt ihr den Z-Ball auch mit den Füßen hochnehmen und wegwerfen *(Abb. 410)*?

*Übungsbeispiele zum Zielen. Rollen, Werfen und Treffen*
Die bereitgestellten Ziele aufbauen.

● Werft den Z-Ball aus immer größerem Abstand in den Kasten, den liegenden Reifen und die Waschmitteltonnen *(Abb. 411)*.

● Werft den Z-Ball aus immer größerem Abstand durch die hängenden Reifen *(Abb. 412)*.

● Rollt den Z-Ball unter dem auf zwei Medizinbällen liegenden Stab hindurch *(Abb. 413)*.

● Trefft mit dem rollenden Z-Ball aus immer größerem Abstand den Medizinball, die Waschmitteltonnen und den Kasten *(Abb. 413)*.

● Dosen-Pyramiden-Spiel. Auf einer Langbank sitzen fünf bis zehn Kinder als „Dosen". Die übrigen Kinder versuchen, mit ihren Z-Bällen die Dosenkinder zu treffen. Beim Werfen auf Abstand achten.

Die getroffenen „Dosen" lassen sich rückwärts auf die hinter der Bank liegende Weichbodenmatte fallen *(Abb. 414)*. (Auf die hintere Bankkante setzen!) Rollenwechsel.

● Wie vor, aber auf laufende Ziele werfen. Lauft herum und versucht, mit dem Z-Ball die anderen, laufenden Kinder zu treffen *(Abb. 415)*.

## Schlussteil

● *Fließband-Spiel*. Alle Kinder stehen als „Fließband" in langer Reihe neben- oder hintereinander. Am vorderen Ende liegen alle Z-Bälle am Boden, am hinteren Ende stehen die Waschmitteltonnen, in die alle Z-Bälle zu befördern sind.

*Folgende Regeln werden mit den Kindern vereinbart.* Es ist immer nur ein Z-Ball unterwegs. Damit das erste Kind weiß, wann der Z-Ball in der Tonne ist, pfeift das letzte Kind. Das Fließband kann langsam und schnell eingestellt werden.

● Stehen die Kinder hintereinander, kann der Z-Ball mit hocherhobenen Armen über die Köpfe nach hinten gereicht, durch die gegrätschten Beine nach hinten gegeben oder

Abb. 413

Abb. 414

Abb. 415

Abb. 416

Abb. 417

Abb. 418

gerollt, nach links oder rechts hinten weitergereicht werden *(Abb. 416)*.

- Stehen die Kinder nebeneinander, kann der Z-Ball mit den Händen weitergereicht oder mit den Füßen weitergeschoben werden.
- Sitzen die Kinder hintereinander im Grätschsitz, kann der Z-Ball über den Kopf nach hinten weitergereicht werden.
- Sitzen die Kinder nebeneinander, kann der Z-Ball mit den Füßen weitergereicht werden.

# „Eine Reise zum Südpol" – eine geturnte Bewegungsgeschichte

## Einleitung

Für jedes Kind wird ein Zeitungshelm gefaltet, evtl. mit Tesafilm fixieren. Weitere Zeitungen werden bereitgehalten. Es werden eine Bank und die Sprossenwand benötigt.

- Den Hut aufsetzen und zur Musik gehen, laufen oder hüpfen, ohne den Hut zu verlieren. Versucht dabei evtl. in die Bauch- oder Rückenlage, den Sitz, die Bankstellung zu gehen, dann wieder aufzustehen und weiterzugehen. Mit dem Musikende werden die anderen Kinder begrüßt, z. B. verbeugen, Hut heben *(Abb. 417)*. Der Hut wurde auf dem Kopf getragen. Könnt ihr ihn auch auf anderen Körperteilen „spazieren führen"? Auf der Hand, der Schulter, dem Knie, dem Fuß, dem Rücken, dem Bauch.

## Hauptteil

*Die „Reise zum Südpol"*

- Den Zeitungshut zur Seite legen. Alle Kinder bekommen ein großes Blatt. Wir fliegen zum Südpol! Wer will mit? Schnelles Laufen, die Zeitung durch Seit- oder Hochhalte flattern oder an dem Bauch „kleben" lassen *(Abb. 418)*.
- Wir landen und erkunden mit dem Fernrohr die Gegend. Rollt die Zeitung zu einem Rohr und schaut hindurch. Beugt euch dabei weit nach vorn oder zur Seite. Wir sehen „Eisberge", „Wasser", „Eisschollen" *(Abb. 419)*.
- Hört ihr auch diese fremden, ungewohnten Geräusche? Wir versuchen, die Geräusche mit der Zeitung nachzuahmen. Der Sturm rauscht, wird immer stärker – mit der Zeitung rascheln; Eisschollen reiben aneinander – zwei Seiten aneinanderreiben; das Eis knirscht – die Zeitung durchreißen; die Pinguine platschen ins Wasser – die Zeitung falten und auf den Boden patschen *(Abb. 420)*.
- Die Kinder überlegen mit, wie die Geräusche zu erzeugen sind.

Abb. 419

Abb. 420

Abb. 421

Abb. 422

- Die Zeitungen liegen ausgebreitet mit nicht zu großen Abständen auf dem Boden. Wir erkunden die Gegend und hüpfen von „Eisscholle“ (Zeitung) zu „Eisscholle“ (Zeitung) *(Abb. 421)*.
- Wir kommen an einen langen „Eisbergrücken“ (Bank) und balancieren darüber. Anschließend erklettern wir einen steilen „Eisberg“ (Sprossenwand), um Ausschau zu halten. Ah, unser „Landeplatz“ ist gar nicht weit.
- Schnell hingehen, denn wir haben großen Hunger und wollen Fische fangen – Sitz auf der Zeitung. Wir fahren mit den kleinen „Fischerbooten“ aufs „Meer“ hinaus – vorwärts rutschen – und werfen dann unsere „Netze“ aus – pantomimisch darstellen. Damit es während des Wartens nicht kalt wird, reiben wir uns die Hände, Arme, Beine und auch gegenseitig den Rücken warm.
- Wir holen die „Netze“ wieder ein, ach, sind die schwer! Wir rudern zum „Landeplatz“ zurück, es geht jetzt viel schwerer und langsamer als auf dem Hinweg.
- Endlich angekommen, fängt es an zu schneien. Es schneit und schneit – Zeitungen in viele kleine Schnipsel zerreißen und hochwerfen *(Abb. 422)*.

Abb. 423

- Könnt ihr mit euren Körpern eine tanzende Schneeflocke nachmachen? Könnt ihr auch genauso leise zu Boden sinken? Versucht es mehrmals nacheinander.
- Nun machen wir eine Schneeballschlacht. Aus neuen Zeitungen werden Bälle geformt, mit denen sich gegenseitig beworfen wird.
- Werft den Papierball in die Luft und versucht, ihn wieder aufzufangen.
- Wir sammeln alle „Schneebälle“ in einen Korb. Wer trifft auch aus großer Entfernung in den Korb *(Abb. 423)*?
- Wir müssen den vielen „Schnee“ noch beiseite räumen, damit wir nicht darin versinken! Alle Schnipsel schnell in einen Abfalleimer oder Korb sammeln.

## Schlussteil

- Aus neuen Zeitungen bauen wir uns „Iglus“, das sind die Schneehäuser der Eskimos, und verkriechen uns zum „Fischessen“ hinein. Rückt eng zusammen und geht in die Hocke. Haltet die Zeitung über dem Kopf und über dem Körper.
- Alles ist still am „Südpol“. Nur aus den „Iglus“ hört man es schmatzen, denn die Fische schmecken so gut: „Schmatz-schmatz!“ Dann wird es ganz still. In den Iglus sind alle eingeschlafen und schnarchen: „Chrrr, chrrr!“ Am nächsten Morgen fliegen wir wieder heim – mit den Zeitungen heimflattern. Wer will, kann seinen Zeitungshut mit nach Hause nehmen.

Abb. 424

Abb. 425

Abb. 426

# „Neueste Nachrichten“ – eine geturnte Bewegungsgeschichte

## Einleitung

Die Übungsleiterin tritt als Zeitungsverkäuferin auf und gibt jedem Kind ein Doppelblatt. Sie verkündet laut die neuesten Nachrichten und Sensationen und fordert zum Kaufen und Lesen auf. Wenn alle Kinder ihre „Zeitung“ haben, wird ein kurzes Gespräch über die Zeitung geführt. Welche Form hat sie, aus welchem Material ist sie, wie fühlt sie sich an, wie riecht sie, was steht in der Zeitung? – Danach sucht sich jedes Kind einen freien Platz im Raum und legt die Zeitung auf den Boden.

- Zur Musik gehen, laufen, hüpfen, vor-, rück- oder seitwärts, mit Musikende schnell zur Zeitung laufen und „lesen“ *(Abb. 424)*. Mehrmals spielen lassen.
- Eine tolle Nachricht lesen oder sich ausdenken und merken. Wieder zur Musik bewegen und mit Musikende die tolle Nachricht den anderen Kindern erzählen oder erzählen lassen. Beim ersten Musikstopp leise flüsternd, als wäre es ein Geheimnis, beim zweiten Musikstopp laut, wie eine Sensation, beim dritten Musikstopp ganz traurig und beim vierten Musikstopp fröhlich, als wäre die Nachricht sehr komisch *(Abb. 425)*. Die Nachricht bleibt immer dieselbe!

Abb. 427

## Hauptteil

*Wir spielen, was in der Zeitung steht.*

*Wetterbericht*

- „Nehmen Sie ihre Regenschirme mit, es wird regnen.“ Alle Kinder gehen herum und halten das Zeitungsblatt über ihren Kopf *(Abb. 426)*. Später wird es stürmisch, so dass die Regenschirme fast fortfliegen (schnell laufen, die Zeitungsblätter flattern im „Sturm“).
- Endlich kommt die Sonne hervor und alle können sich auf ihrem Badetuch sonnen (auf die Zeitung legen) und ausruhen *(Abb. 426, rechte Figur)*.

*Familiennachrichten*

- Opa Meier ist einhundert Jahre alt geworden und kann mit einem Spazierstock immer noch gehen. „Herzlichen Glückwunsch!“ Die Zeitung als Spazierstock verwenden *(Abb. 427, rechte Figur)*.
- Svenja und Martin feiern ein großes Hochzeitsfest (beim Tanzen zu zweit, dritt oder viert nicht den Zeitungsschleier oder -hut verlieren, *Abb. 427, mittlere Figuren*).
- Felix und Sabrina haben ein Baby bekommen (Zeitungsrolle im Arm wiegen, *Abb. 427, linke Figur*).

*Sportnachrichten*

Abb. 428

Abb. 429

Abb. 430

- Viel Spaß hatten die Kinder beim Bobbycar-Rennen. Auf das Zeitungsblatt setzen und auf dem Po vorwärtsrutschen *(Abb. 428, rechte Figur unten).*

- Beim Fechten siegten die Kleinsten knapp über die Größten. Zu Paaren mit der Zeitungsrolle fechten *(Abb. 428, obere Figuren).*

- Die Fußball-Minis bereiten sich auf den Endkampf vor. Einen Ball formen und alle üben mit ihrem Ball *(Abb. 428, mittlere Figur unten).*

- Dominik warf mit dem Ball neuen Rekord. Zeitungsbälle werfen *(Abb. 428, linke Figur).*

- Nach dem letzten Bundesligaspiel sah es im Stadion aus wie auf einer Müllhalde. Zeitung in viele kleine Schnipsel reißen. Die Müllmänner hatten alle Hände voll zu tun. Alle Schnipsel in den bereitgestellten Papierkorb werfen *(Abb. 429).*

- Alle Kinder bekommen ein neues Zeitungsblatt. Eine neue Sportart wird immer beliebter. Balancieren einer Zeitung auf verschiedenen Körperteilen. Die Kinder haben phantastische Ideen: Zeitung auf dem Kopf, Arm, den Händen, Beinen, dem Rücken oder Bauch und dabei verschiedene Ausgangsstellungen einnehmen *(Abb. 430).*

*Lokale Nachrichten*

- Gibt es Gespenster im Rathauskeller? Seltsame Geräusche sind immer wieder zu hören. Mit der Zeitung rascheln, patschen *(Abb. 431).*

- Die Putzfrauen streiken. Alle Leute müssen ihren Dreck nun selbst wegräumen. Die Zeitung mit verschiedenen Körperteilen am Boden schieben *(Abb. 432).*

- Die Musikkapelle erfreute beim Umzug mit Musik. Zum Musikzug formieren und mit der Zeitung verschiedene Musikinstrumente imitieren, zum Beispiel Trommel, Geige, Flöte und Trompete. Der Dirigent geht mit dem „Taktstock" voraus *(Abb. 433).*

- Ein Urlauber-Flugzeug ist gelandet. Alle Kinder falten aus ihrer Zeitung ein Flugzeug.

Abb. 431

Abb. 432

Abb. 433

Abb. 434

## Schlussteil

Viele Leute fliegen in den Urlaub. Die Flugzeuge sind ständig im Einsatz. Die Piloten haben viel zu tun. Die Flugzeuge fliegen lassen *(Abb. 434)*.

So, nun haben wir mit der Zeitung viel probiert. Wisst ihr, was man mit alten Zeitungen machen kann? Sie werden zur Wiederverwertung in den Papier-Container geworfen. Aber euren Papierflieger dürft ihr natürlich mitnehmen!

Alle Kinder haben ihren Papierflieger in der Hand und werden selbst auch zum „Flugzeug". Wo sie hinfliegen? Na, in den Urlaub, aber zuerst in den Umkleideraum!

***Mit Stühlen***

# Der Stuhl – ein vielseitiges Turngerät

## Einleitung

- Zur Musik um alle Stühle gehen, laufen, hüpfen. Mit Musikende Sitz auf dem eigenen Stuhl. Mehrmals wiederholen, dann Gespräch über Stuhl: Wie sieht er aus, aus welchen Teilen besteht er, aus welchem Material ist er usw.
- Mit Musikende setzt ihr euch bequem hin (stolz wie ein König, faul, geziert, verdreht usw.).
- „Man kann durch die Sitzhaltung seine innere Stimme ausdrücken." Versucht es ein weiteres Mal: Zur Musik fröhlich herumhüpfen, Traurigsein über das Musikende und entsprechend hinsetzen.

Abb. 435

- *Reaktionsspiel.* Schneidersitz auf dem Stuhl, auf Zuruf so schnell wie möglich von der Stuhlseite her unter dem Stuhl durchkriechen und wieder die Ausgangsposition einnehmen. Mehrmals wiederholen.

## Hauptteil

- *Stuhltragen*. Welche Möglichkeiten, den Stuhl zu tragen, gibt es? (In Hochhalte, über Schulter oder Arm hängend, vor dem Bauch, hinter dem Rücken, an Lehne, dem Sitz oder einem Stuhlbein gefasst, *Abb. 435*). Alle entdeckten Möglichkeiten ausprobieren!
- *Orientierungsspiel*. Wo ist am Stuhl oben, unten, vorn, hinten, neben? Auf Handklatsch und Zuruf gewünschte Position am Stuhl einnehmen, z. B. „oben" = Stand auf dem Stuhl, „unten" = Bauchlage unter dem Stuhl, bei „vorn", „hinten", „neben" Stand vor, hinter oder neben dem Stuhl *(Abb. 436)*. In schneller Folge aufrufen, Fehler unbedingt korrigieren.
- *Stuhltransport* mit Bodenberührung. Wie könnt ihr den Stuhl schieben oder ziehen? Er muss dabei nicht auf den

Abb. 436

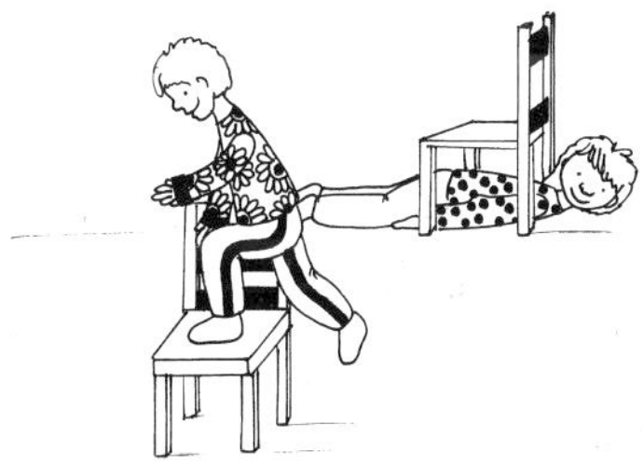

Abb. 437

Abb. 438

Abb. 439

Füßen bleiben *(Abb. 437)*. Mit Musikende denkt ihr euch neue Sitzmöglichkeiten an dem komischen Sitzmöbel aus.

- Welche Geräusche könnt ihr mit dem Stuhl erzeugen? Hämmern, Patschen, Reiben, Streichen, Klopfen usw.

Rhythmisch sprechen und entsprechende Geräusche erzeugen: Häm-mern, Pat-schen, in die Hän-de klat-schen, Finger krat-zen, tupf-tupf-tupf.

## Schlussteil

Alle sitzen mit geschlossenen Augen auf ihren Stühlen. Ein Kind geht herum und klopft an die Stuhllehnen der anderen Kinder. Jedes „angeklopfte" Kind steht leise auf und geht hinter dem „Anklopfer" her, bis sich zuletzt alle in langer Schlange um die Stühle herumbewegen (Abb. 438). Mehrmals wiederholen und zuletzt leise aus dem Turnraum gehen.

***Mit mehreren Gegenständen***

# Hindernisparcours mit unterschiedlichen Materialien

## Einleitung

*Materialien:* Zeitungen, Waschmitteltonnen, Schuhschachteln, Kaffeedosen, Haushalts- und Klorollen, alte Krawatten, Bierdeckel, Kronkorken, Korken, Kokos- und Walnussschalen, Schneckenhäuser, ca. 10 cm lange Äste.

- Stationen für folgende Tätigkeiten – evtl. mit den größeren Kindern gemeinsam aufbauen:

Balancieren – Steigen/Hüpfen – Kriechen/Krabbeln – Zielen/Werfen – Zielen/Rollen – Fühlen/Tasten – Pusten – Rhythmus/Musik – temporeiche Bewegung.

- Gemeinsam Stationen anschauen und Aufgaben besprechen.

Abb. 440

Abb. 441

Abb. 442

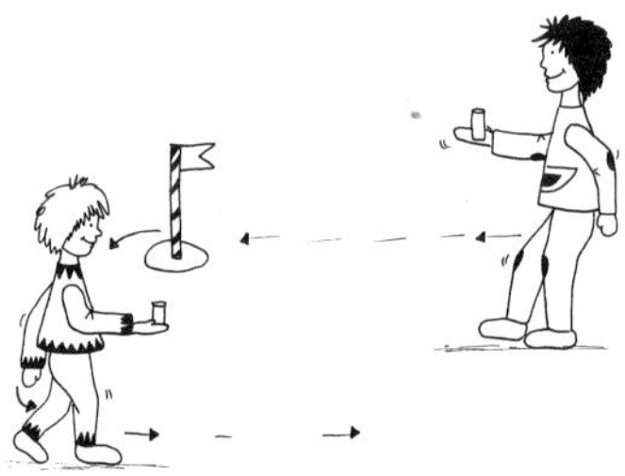

Abb. 443

Abb. 444

Abb. 445

## Hauptteil

- Haushaltsrollen weitflächig aufstellen: Ununterbrochen und so schnell wie möglich alle stehenden Rollen umwerfen und alle liegenden aufstellen *(Abb. 439)*.

- Haushaltsrollen, Klorollen oder Dosen mit Abstand in langer Reihe aufstellen: Im Slalom laufen oder hüpfen, auf Händen und Füßen laufen, Dosenreihe überhüpfen *(Abb. 440)*.

- Langen Krawattenweg legen: Zickzackhüpfen am Weg entlang.

- Mit Krawatten einen kurvigen Weg legen: entlangbalancieren vor- und rückwärts, auch mit geschlossenen Augen probieren (barfuß!). Mit geschlossenen Augen mit den Händen entlangtasten *(Abb. 441)*.

- Eine Wegstrecke dicht mit Bierdeckeln bedecken: Nur auf Bierdeckeln vorwärts gehen oder laufen, nur in die Zwischenräume treten.

- Vom Ausgangspunkt um ein Mal herum: Klo- oder Haushaltsrolle auf der Hand balancieren oder rollen *(Abb. 442)*.

- Krawatte mit den Enden an je einem Waschmitteltonnengriff befestigen. Die zwei Tonnen so stellen, dass die Krawatte straff gespannt ist: Ununterbrochen obendrüber hüpfen und untendurch kriechen *(Abb. 443)*.

- Mit Abstand Krawattenkreise legen, verbunden mit Astreihen: Schlusssprünge in die Kreise und Grätschsprünge über den Ästen *(Abb. 444)*.

- Schuhschachtel und Kleinmaterialien: Mit der Schachtel die einzelnen Materialien (Zeitungsball, Korken usw.) hochwerfen und zu fangen versuchen *(Abb. 445)*.

- Waschmitteltonne im Krawattenkreis, daneben Kleinmaterialien: Vom Kreisrand aus das Material in die Tonne werfen *(Abb. 446)*.

- Tunnel aus drei Haushaltsrollen bauen: Vom Ausgangspunkt Zeitungsball hindurchrollen *(Abb. 447)*.

- Aus Ästen, Krawatten oder Haushaltsrollen eine Gasse legen: Klorolle mit zwei Ästen durch die Gasse lenken oder Zeitungsball mit Händen oder Füßen durch die Gasse rollen *(Abb. 448)*.

Abb. 446

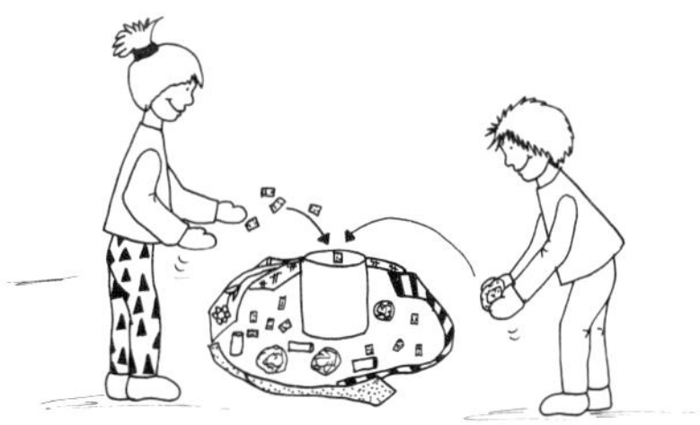

Abb. 447

Abb. 448

Abb. 449

Abb. 450

Abb. 451

- Haushaltsrollen zu Kegeln aufstellen: Mit Zeitungsball rollen und treffen *(Abb. 449)*.

- Schuhschachtel, daneben viele Kleinmaterialien: Im Stand mit den Füßen das Material einzeln in die Schachtel räumen *(Abb. 450)*.

- Verschiedene Materialien auf einem Platz: Kunstwerk bauen mit Händen und Füßen *(Abb. 451)*.

- Waschmitteltonne, daneben ein Zeitungsstapel: Zeitung in viele kleine Schnipsel reißen, bei weiteren Durchgängen Schnipsel immer wieder in Tonne räumen oder Tonne ausleeren.

- Mit zwei Krawatten eine Gasse bilden, Abstand ca. 20 cm, Schneckenhäuser von der einen Krawattenlinie zur anderen pusten *(Abb. 452)*.

- Fühl-Tonne: Waschmitteltonnenöffnung mit Zeitungspapier abdecken und mit Krawatte festbinden. In die Mitte des Papiers ein faustgroßes Loch stoßen, in der Tonne liegen je ein Stück von den Kleinmaterialien: Vorsichtig hineinfassen, ein Teil befühlen, erkennen, benennen, herausholen und zeigen *(Abb. 453)*.

- Musikstation: Tonne verkehrt herum als Trommel, mit Ästen oder Händen kratzen, tupfen, schlagen usw. *(Abb. 454)*.

- In zwei bis drei Kaffeedosen je eine Sorte Kleinmaterial zum Rasseln, um die unterschiedlichen Klangeigenschaften zu erkennen.

- Zwei Kokoshälften aneinanderschlagen.

- Dasselbe mit je zwei Nusshälften und Schneckenhäusern.

- Zeitungen zum Rascheln, Patschen, Reißen usw. *(Abb. 454)*. Viel Spaß beim Ausprobieren oder beim Ausdenken weiterer Stationen!

## Schlussteil

- Gemeinsames Aufräumen der Materialien.
- Gespräch: Was hat besonders Spaß gemacht?

Abb. 452

Abb. 453

Abb. 454

# Übungseinheiten mit Naturmaterialien

# 7

Mit Herbstblättern
Spielen und üben mit Herbstblättern

Mit Kastanien
Vielfältige Wahrnehmungsschulung mit Kastanien

Abb. 455

Abb. 456

Abb. 457

***Mit Herbstblättern***

# Spielen und üben mit Herbstblättern

## Einleitung

Der Boden ist mit Herbstblättern bedeckt.

*Experimentierphase*

Die Kinder werden die Blätter sammeln, tragen, balancieren, hochwerfen, schieben, sie werden damit rascheln, sich darin kullern usw. *(Abb. 455)*.

*Auftakt: Blättertanz.*

Auf der Erde liegen bunt hunderttausend Blatt, die der Herbstwind heute nacht abgerissen hat.

- Beim Vorwärtsgehen im Laub rascheln.

Bunte Blätter wollen sich gern im Herbsttanz dreh'n, eh' der Winterschnee sie deckt und sie still vergeh'n.

- Am Ort drehen.

Huschehuschehuschehusch, kommt ein starker Wind, huschehuschehuschehusch, bläst sie an geschwind. Bunte Blätter fliegen schnell überall herum. Als der Wind verschwunden ist, sinken alle um *(s. Notenbild)*.

- Mit den Händen so viel Blätter wie möglich hochwirbeln. Mit „um" leise in die Blätter sinken und still liegen.

## Hauptteil

- Einen großen Blätterberg schieben und liegenlassen (Abb. 456).
- Zu Paaren zusammengehen: Blatttransport ohne Zuhilfenahme der Hände durch Klemmen zwischen verschiedene Körperteile der Partner (zwischen Stirn/Stirn, Bauch/Bauch, Schulter/Schulter, Rücken/Bauch usw.). Fortbewegung auch in verschiedenen Ausgangsstellungen möglich (*Abb. 457)*.
- A-Kind belegt B-Kind mit so viel Blättern wie möglich, bei freier Wahl der Ausgangsstellung von B-Kind (Stand, Bauchlage usw.). B-Kind bewegt sich vorwärts, möglichst ohne Blätter zu verlieren. Wechseln.

Abb. 458

Abb. 459

Abb. 460

Abb. 461

Abb. 462

Abb. 463

A-Kind legt B-Kind ein Blatt auf einen Körperteil und stellt ihm Aufgaben. B-Kind versucht diese zu lösen, ohne das Blatt zu verlieren. Wechseln: Blatt auf dem Kopf/rückwärts gehen, Blatt auf dem Handrücken/Rückenlage einnehmen usw. (Führen/Folgen, *Abb. 458*).

A-Kind und B-Kind pusten je ein Blatt am Boden so vorwärts, dass beide Blätter gleichzeitig am Ziel ankommen (Sozialverhalten, *Abb. 459)*.

A-Kind läßt ein Blatt fallen und B-Kind fängt es. Wechseln *(Abb. 460)*.

In den Blätterberg hineinkriechen (wie ein Igel), hineinspringen oder -fallen *(Abb. 461)*.

Der Blätterberg wird wieder gleichmäßig am Boden verteilt (durch Kullern, Schieben, Hochwirbeln usw.).

Alle Kinder liegen oder sitzen mit geschlossenen Augen zwischen den Blättern: Ein Kind geht raschelnd umher, und alle horchen auf das Geräusch und zeigen in die entsprechende Richtung (Gehörschulung, *Abb. 462*).

Wer kann drei/vier/fünf Blätter von verschiedenen Bäumen oder Sträuchern finden? Die verschiedenen Blätter betrachten (Formen, Herbstfarben, evtl. ihre Namen erwähnen).

## Schlussteil

Gemeinsames Wegräumen der Blätter in Säcke *(Abb. 463)*. Oder:

Jedes Kind pflückt sich einen Blätterstrauß. Er wird gebunden und darf mitgenommen werden. Die restlichen Blätter werden gemeinsam weggeräumt. Oder:

Der Blättertanz wird wiederholt und dann die Blätter gemeinsam aufgeräumt.

Aus „Die Welt ist schön 1“ von Karin Schaffner, Pohl-Verlag.

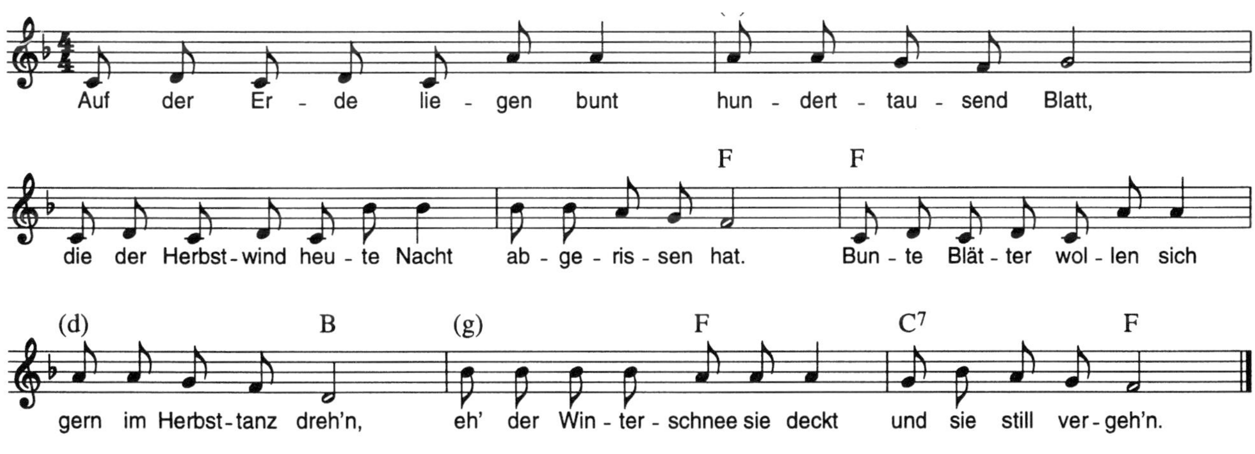

Abb. 464

Abb. 465

***Mit Kastanien***

# Vielfältige Wahrnehmungsschulung mit Kastanien

## Einleitung

Sehr viele Kastanien liegen im Raum verteilt.

- Die Kinder tragen, balancieren, werfen, rollen oder sammeln die Kastanien.
- So schnell wie möglich alle Kastanien in bereitgestellte Eimer oder Körbe sammeln.
- Jedes Kind behält eine Kastanie. Kurzes Gespräch über Kastanien.
- Zur Musik gehen, laufen, hüpfen mit Kastanie, mit Musikende mit der Kastanie aufgerufenes Material berühren, z. B. Holz, Metall, Kunststoff, Naturmaterial, Stoff.

## Hauptteil

- Auf welchem Körperteil könnt ihr die Kastanie balancieren (Handfläche, Handrücken, Kopf, Fuß, Rücken in Bauchlage oder Bankstellung, Bauch in Rückenlage oder Krebsgang)?
- Die Kastanie will um euren Körper rollen. Alle Ausgangsstellungen sind erlaubt, z. B. im Stand um die Beine oder durch die Beine nach hinten, im Sitz um die gestreckten Beine und den Körper, unter den gestreckt gehobenen Beinen oder den angehockten Beinen und um den Körper, im Einhandwinkelliegestütz um die andere Hand, im Kniegrätschstand um die Beine.
- Könnt ihr die Kastanie hochwerfen und fangen, mit einer Hand oder beiden Händen?
- Könnt ihr mit der Kastanie in bereitgestellte Behälter treffen *(Abb. 464)*?

*Fußübungen mit Tuch und Kastanie*

- *Sitz*. Breitet das Tuch mit den Füßen aus, rollt die Kastanie mit den Füßen auf dem Tuch hin und her, versteckt die Kastanie unter dem Tuch, wickelt die Kastanie in das Tuch ein. Wer kann die Kastanie im Tuch schaukeln *(Abb. 465)*? Könnt ihr das auch mit den Füßen? Faltet das Tuch wieder mit den Füßen. Dann Tücher wegräumen.
- *Geräusche*. Jedes Kind bekommt eine zweite Kastanie. Mit den Kastanien an aufgerufenes Material klopfen. Kastanien aneinanderreiben, -klopfen, dazu evtl. folgende Reime: „Mäuse laufen tiptiptap, in ihr Mäuseloch hinab." Oder: Blobblobblob, die Regentropfen leise an mein Fenster klopfen."

Abb. 466

*Melodie „Kastanien sammeln“*

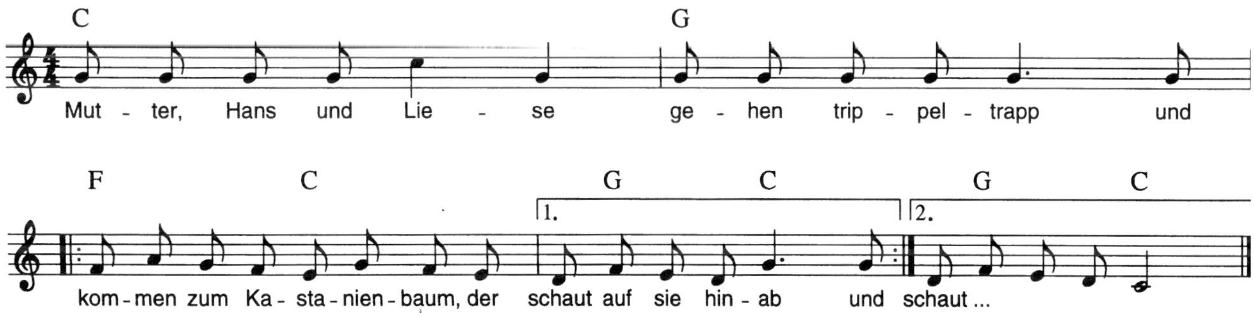


- Billardspiel. Jedes Kind hat zwei Kastanien und ein Hölzchen zum Anstoßen. Mit dem Hölzchen eine Kastanie so anstoßen, dass sie die andere Kastanie trifft. (Einzelspiel. Jedes Kind ist allein beschäftigt.)

## Schlussteil

### Kastanienlied

1. Mutter, Hans und Liese
   gehen trippeltrapp
   ‖: und kommen zum Kastanienbaum,
   der schaut auf sie hinab. :‖
2. Lauter grüne Igel,
   ruft die Liese aus.
   ‖: Die Mutter sagt, da kommen gleich
   die Kastanien raus. :‖
3. Rüttelrüttelrüttel,
   blobblobblobblab,
   ‖: da fallen die Kastanien
   auch schon vom Baum hinab. :‖
4. Kullerkullerkuller,
   rollerolleroll,
   ‖: und Hans und Liese sammeln sich
   ganz schnell die Taschen voll *(Abb. 466)*. :‖

Immer vier Kinder verteilen die Rollen. Der „Kastanienbaum“ hat Sandeimerchen voll Kastanien in Hochhalte. „Hans“ und „Liese“ tragen leere Taschen oder Körbchen oder Sandeimer *(Abb. 466)*.

- Ablauf – Vers 1: Mutter, Hans und Liese haben Handfassung und gehen auf den Kastanienbaum zu.
- Vers 2: Um den Baum herumgehen und anschauen.
- Vers 3: Die Mutter schüttelt den Baum. Die Kastanien rollen am Boden.
- Vers 4: Die Kinder sammeln die Taschen voll. Auf Wunsch Rollenwechsel.

# Klassische Musik in der Bewegungserziehung

# 8

**„Peter und der Wolf“**
**von Prokofieff**

**„Der Feuervogel“**
**von Strawinsky**

**Die vier Jahreszeiten: „Der Frühling“**
**von Vivaldi**

Abb. 467

Abb. 468

Abb. 469

# „Peter und der Wolf“ von Prokofieff

## Die Geschichte

Peter geht auf die Wiese, er trifft dort den Vogel und die Ente, die sich streiten. Die Katze schleicht heran und der Vogel bringt sich in Sicherheit. Großvater tritt auf die Wiese, warnt Peter vor dem Wolf und nimmt ihn mit ins Haus. Der Wolf erscheint, Katze und Vogel bringen sich in Sicherheit, die Ente wird gefressen. Peter fängt den Wolf. Jäger kommen und schießen, alle bringen den Wolf im Triumphzug in den Zoo.

## Hinführende Bewegungsspiele

Das Bewegungsrepertoire der einzelnen Märchenfiguren mit den Kindern besprechen und ausprobieren.

- Was macht ein fröhliches Kind auf einer Wiese? Es tanzt, springt, dreht sich, pflückt Blumen und schaut nach Spielkameraden aus *(Abb. 467)*.
- Was macht ein Vogel? Er fliegt, hüpft und putzt sich *(Abb. 468)*.
- Was macht eine Ente? Sie watschelt, flattert, putzt sich und schwimmt *(Abb. 469)*.
- Was macht eine Katze? Sie schleicht, räkelt und putzt sich, fängt sich einen Vogel oder eine Maus *(Abb. 470)*.
- Wie geht ein alter Mensch? Er geht langsam, humpelt, schlurft und hält sein Kreuz *(Abb. 471)*.
- Was macht der Wolf? Er schleicht, schaut sich wild um und reißt sein Maul auf *(Abb. 472)*.
- Was machen die Jäger? Sie gehen durch den Wald, lauern und beobachten, zielen und schießen *(Abb. 473)*.
- Wie sieht ein Triumphzug aus? Großer Freude wird beim gemeinsamen Gehen hintereinander Ausdruck verliehen *(Abb. 474)*.

Abb. 470

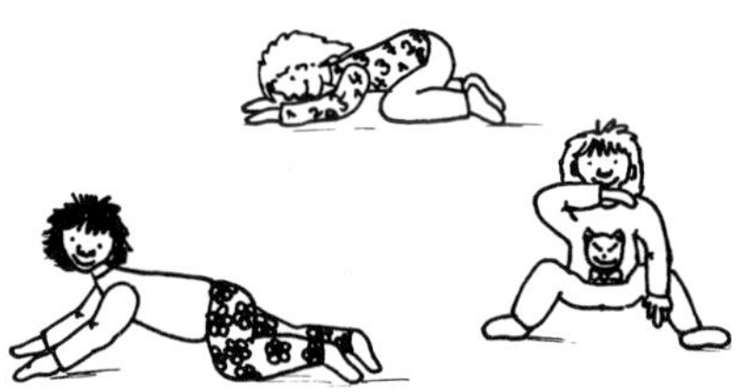

Abb. 471

Abb. 472

Abb. 473

Abb. 474

Abb. 475

Mit diesem Handlungs- und Bewegungsrepertoire wird es den Kindern anschließend leicht fallen, die Rollen auszugestalten. Natürlich können für eine Aufführung die Rollen auf verschiedene Kinder verteilt werden. In der Turnstunde werden aber alle Rollen gemeinsam gespielt. Wenn zwei Figuren gleichzeitig spielen, wird den Kindern die Wahl überlassen.

## Einleitung

Der Sprecher stellt die Figuren vor. Die Kinder bewegen sich entsprechend rhythmisch zur Musik. – Peter tanzt, Großvater geht wie ein alter Mann, der Vogel fliegt, die Ente watschelt, die Katze schleicht, die Jäger gehen, die Gewehrschüsse werden durch Trommeln mit Fäusten auf die Bank oder mit Trampeln der Füße auf dem Boden dargestellt; der Wolf schleicht, droht – oder schaut sich um.

## Hauptteil

Der Sprecher begleitet die musikalischen Abschnitte erzählend.

- Peter geht auf die Wiese – spielen, wie zuvor erarbeitet.
- Der Vogel erscheint – spielen, wie zuvor erarbeitet.
- Die Ente erscheint – spielen, wie zuvor erarbeitet.
- Vogel und Ente streiten sich – den Kindern die Rollenwahl und die Gestaltung überlassen *(Abb. 475)*.
- Die Katze erscheint – spielen, wie zuvor erarbeitet.
- Die Katze versucht den Vogel zu fangen – den Kindern die Rollenwahl und die Gestaltung überlassen *(Abb. 476)*.
- Der Großvater tritt auf und schimpft mit Peter – den Kindern die Gestaltung überlassen.
- Peter hat überhaupt keine Angst – den Kindern die Gestaltung überlassen *(Abb. 477)*.
- Großvater und Peter gehen zusammen ins Haus – den Kindern die Rollenwahl und die Gestaltung überlassen.
- Der Wolf erscheint – spielen, wie zuvor erarbeitet.
- Die Katze bringt sich in Sicherheit – den Kindern die Gestaltung überlassen.
- Der Wolf fängt die Ente und verschlingt sie – den Kindern Rollenwahl und Gestaltung überlassen. Wahrscheinlich werden nur „Wölfe“ gespielt.

Abb. 476

Abb. 477

Abb. 478

Abb. 479

Abb. 480

- Vogel und Katze sind traurig, der Wolf reibt sich den Bauch – den Kindern die Gestaltung überlassen.
- Der Wolf geht um den Baum und hat noch mehr Hunger – den Kindern die Gestaltung überlassen.
- Peter erscheint wieder und will den Wolf fangen – den Kindern die Gestaltung überlassen (*Abb. 478*).
- Der Wolf versucht, den Vogel zu fangen – den Kindern die Rollenwahl und Gestaltung überlassen.
- Peter fängt den Wolf – den Kindern Rollenwahl und Gestaltung überlassen.
- Der Wolf tobt und trauert – den Kindern die Gestaltung überlassen.
- Die Jäger erscheinen – spielen, wie zuvor erarbeitet.
- Gewehrschüsse – mit den Fäusten auf eine Bank trommeln oder mit den Füßen trampeln.
- Peter ist stolz und freut sich – den Kindern die Gestaltung überlassen.
- Alle bringen den Wolf im Triumphzug in den Zoo – spielen, wie zuvor erarbeitet.

### Schlussteil

- *Abschlussgespräch mit den Kindern:* „Was hat euch am besten gefallen?"

## „Der Feuervogel" von Strawinsky

### Die Geschichte

*Teil 1:* Zarewitsch Iwan hat sich in einem Zauberwald verirrt – der Feuervogel taucht auf – Iwan fängt ihn – der Feuervogel bittet um Gnade – Iwan lässt ihn frei und bekommt dafür eine Feder.

*Teil 2:* Aus dem Palast des Zauberers Katschei treten die gefangenen Prinzessinnen, darunter Zarewna, die Iwan befreien will. Katschei fängt Iwan, der in der Not die Feder hochwirft – der Feuervogel naht – Kampf zwischen dem Feuervogel und Katschei – Katschei wird besiegt – alle Verzauberungen lösen sich, in Steine verzauberte Ritter werden wieder lebendig, Bäume wiegen sich erlöst – Prinzessinnen

Abb. 481

Abb. 482

Abb. 483

Abb. 484

Abb. 485

Abb. 486

sind befreit und froh – Iwan findet Zarewna wieder – großer Jubel.

## Hinführende Bewegungsspiele

- *Zauberwald:* In einem magischen Zauberwald stehen viele Bäume (Kinder). Die Bäume sind zwar am Boden festgewachsen, aber ihre Äste dehnen und strecken sie und versuchen damit, vorbeikommende Kinder zu berühren.

Die Baumkinder so aufstellen, dass es schwer ist, unberührt hindurchzukommen. Einzelne Kinder versuchen, den „Wald" zu durchqueren und den Bäumen auszuweichen *(Abb. 479)*.

- *Prinzessinnen im Garten*. Was machen die Prinzessinnen im Garten? Sie tanzen, springen, pflücken Blumen, kämmen ihr goldenes Haar, flüstern miteinander, spielen fangen – pantomimisch darstellen *(Abb. 480)*.

- *Die verzauberten Ritter*. Alle Kinder reiten durch den Wald (in Kurven um die anderen „herumreiten"). Ein Kind verzaubert mit der Trommel alle Ritter in Steine (irgendwann Trommelwirbel und alle Kinder rollen sich am Boden ganz klein als Steine zusammen, *Abb. 481*). Da kommt der „Feuervogel" herbeigeflogen und berührt einen „Stein" nach dem anderen: Ein Kind „fliegt" herbei und berührt mit einem roten, gelben oder orangen Chiffontuch die „Steine" und erlöst sie *(Abb. 482)*. Alle berührten Kinder erwachen, dehnen und strecken sich und freuen sich mit dem Feuervogel (turnen und bewegen wie beschrieben).

- *Der böse Zauberer Katschei*. Was macht ein böser Zauberer? Er schaut wild umher, trampelt vor Wut auf den Boden, ballt die Fäuste, trommelt mit den Fäusten in der Luft oder auf den Boden, rüttelt an den Bäumen, führt einen Höllentanz auf – pantomimisch darstellen *(Abb. 483)*.

- *Der Feuervogel*. Was macht der Feuervogel? Er fliegt, tanzt, schreitet, hüpft, putzt sich – pantomimisch darstellen.

Mit dem eingeübten Handlungs- und Bewegungsrepertoire wird es den Kindern anschließend leicht fallen, die Musik zu „verstehen" und umzusetzen.

## Teil 1

Beginnt auf dem Kassettenrekorderzählwerk mit der Ziffer 5 und endet mit der Ziffer 124.

*Die Kinder spielen mit verteilten Rollen.*

5–38 Die Baumkinder wiegen sich, die Steinkinder liegen auf dem Boden und das Zarewitschkind irrt herum, schaut hinter Bäumen hervor und ruht sich auf einem Stein aus *(Abb. 484)*.

39–45 Der Feuervogel taucht auf (spielen wie zuvor ausprobiert).

46–85 Iwan beobachtet ihn, der Feuervogel tanzt, Iwan versucht ihn zu fangen.

86–93 Iwan fängt ihn, der Feuervogel versucht, sich zu befreien, und bittet um Gnade.

94–120 Iwan lässt ihn frei und bekommt vom Feuervogel eine Feder. Durch Hochwerfen dieser Feder kann er in Not den Feuervogel herbeirufen *(Abb. 485)*.

*Kurze Pause*

## Teil 2

Beginnt auf dem Kassettenrekorderzählwerk mit der Ziffer 124 und endet mit der Ziffer 418.

124–234 Die Prinzessinnen treten auf (spielen wie zuvor ausprobiert).

235–268 Katschei tritt auf. Er fängt Iwan, der in seiner Not die Feder in die Luft wirft; die Kinder können die Rolle wählen und auch wechseln *(Abb. 486)*.

Abb. 487

Abb. 488

Abb. 489

269–275 Der Feuervogel naht (spielen, wie zuvor ausprobiert).

276–309 Kampf zwischen Feuervogel und Katschei. Rollenwahl, evtl. als Partnerspiel.

309 Katschei ist besiegt *(Abb. 487)*.

310–375 Die erstarrten Bäume regen sich und aus Steinen werden wieder Ritter. Freie Rollenwahl und auch Rollenwechsel.

376–389 Die Prinzessinnen treten auf. Iwan und Zarewna finden sich, alle können ihr Glück noch gar nicht fassen (bewegen – wie beschrieben).

390–392 Freude und Erleichterung greifen um sich (bewegen – wie beschrieben).

393–418 Großer Jubel, Umarmungen, springen, drehen, tanzen allein, zu zweit, zu dritt oder in Gruppen. Zuletzt sind alle müde vom Fest und müssen sich ausruhen.

### Schlussteil

- Mit den Kindern im Sitzkreis über das Erlebte sprechen. Wisst ihr noch, wie der Komponist heißt, der diese wunderbare Musik geschrieben hat? Ja, Strawinsky! – Evtl. Foto von Strawinsky oder Foto eines Orchesters zeigen.

## Die vier Jahreszeiten: „Der Frühling" von Vivaldi

### Einleitung

Alle sitzen um eine Blumenschale voller blühender Frühlingsboten (Osterglocken, Tulpen, Narzissen oder Hyazinthen) und sprechen über den Frühling. Nicht nur die Augen können vieles entdecken, auch die Ohren und die Nase, sogar die Haut! Alle unsere Sinne entdecken wunderbare Veränderungen. Die Kinder fragen, was ihnen am Frühling besonders gefällt.

*Beispiele:* Blumen blühen und duften, die Vögel fliegen oder zwitschern, der Wind raunt oder streichelt die Haut, Sonne macht alles warm und hell, der Tag wird länger, Bäche murmeln und plätschern wieder.

### Einzelne Beispiele herausgreifen und spielen lassen

- Wir sind Vögel. Sie fliegen, baden, strecken und putzen sich, bauen ein Nest, brüten, machen ein Konzert.
- Wir sind Blumen. Sie spüren die Sonne, rühren sich langsam und wachsen aus der Erde und werden immer größer. Sie öffnen ihre Blüten, wiegen sich im Wind oder beugen sich beim Frühlingsgewitter.
- Wir sind Bäche. Sie plätschern dahin, schwellen zu reißenden Frühlingsbächen an, die Wellen überschlagen sich. Es gibt viele Möglichkeiten der Darstellung. Die Kinder werden am Ort Hände und Arme einsetzen, durch den Raum laufen und mit dem Körper Wellen beschreiben oder als Wellen sich am Boden wälzen.
- Wir sind Gewitter. Zuckende Arm- oder Beinbewegungen stellen den Blitz, Trommeln mit den Fäusten oder Trampeln mit den Füßen den Donner dar.
- Wir freuen uns über den Frühling. Tanzen, hüpfen, springen, sich umarmen.
- Wir haben Angst vor dem Gewitter. Klein machen, sich verstecken oder eng zusammendrängen.

Abb. 490

## Im Sitzkreis über Vivaldi sprechen und gemeinsam die Musik anhören

- Er ist ein italienischer Komponist und hat, weil er sich so über den Frühling gefreut hat, eine Frühlingsmusik komponiert, sozusagen ein musikalisches Gedicht – ein Sonett. Viele Instrumente spielen zusammen, manche stellen die Vögel dar (eventuell Foto einer Geigerin zeigen), andere die Quellen und Bäche, wieder andere das Gewitter oder den Ziegenhirt, der vor Freude über den Frühling mit Nymphen und Feen auf einer Blumenwiese tanzt.
- Viele Musiker – ein ganzes Orchester – haben diese Musik zusammen gespielt und wir hören nun die Kassette. Musik gemeinsam anhören und auf die einzelnen Motive hinweisen.

## Die Kinder spielen und tanzen zur Musik

Die Kinder im Rahmen des zuvor Erarbeiteten frei gestalten lassen!

*Die einzelnen Abschnitte.*

Abb. 492

Abb. 491

- Großer Jubel über den Frühling. Alle Kinder tanzen, springen, jubeln und rufen sich immer wieder begeistert zu: „Der Frühling ist da!" *(Abb. 488).*
- Die Vögel sind wieder da. Die Kinder entsprechend gestalten lassen, wie zuvor erarbeitet *(Abb. 489).*
- Großer Jubel über den Frühling *(Abb. 488).*
- Das Eis ist geschmolzen, Quellen und Bäche sprudeln und die Frühlingswinde wehen wieder. Rollenwahl und Gestaltung den Kindern überlassen *(Abb. 490).*
- Großer Jubel über den Frühling *(Abb. 488).*
- Ein Frühlingsgewitter kommt, die Vögel haben Angst (Abb. 491). Rollenwahl und Gestaltung den Kindern überlassen.
- Großer Jubel über den Frühling *(Abb. 488).*
- Der Ziegenhirt und sein Hund schlafen, wachen dann auf und tanzen mit den Nymphen und Feen auf der Wiese. Alle liegen „schlafend" am Boden, wachen dann auf. Rollenwahl und Gestaltung den Kindern überlassen. Es kann zu zweit, mehreren oder auch allein getanzt werden *(Abb. 492).*
- Großer Jubel über den Frühling *(Abb. 488).*

## Schlussteil

- Abschließend im Sitzkreis ein Gespräch über das gemeinsam Erlebte führen.

auszug aus dem aktuellen

# // VERLAGSPROGRAMM 03/04

Pohl-Verlag Celle

Pohl-Verlag Celle GmbH
Herzog-Ernst-Ring 1
29221 Celle
Tel. (0 51 41) 98 89-0
Fax (0 51 41) 98 89-22
www.pohl-verlag.com
verlag@pohl-verlag.com

**Schaffner, Karin**
Die Welt ist schön 1+2
Neue Kreisspiele, Spiellieder und Tänze für drei- bis achtjährige Kinder
Teil 1: **2. Auflage // Format 21 x 20 cm // Broschur // Umschlag vierfarbig // 130 Seiten 164 Zeichnungen // 90 Notenbeispiele //** 15,30 EUR **// ISBN 3-7911-0211-7**
Teil 2: **Format 21 x 20 cm // Broschur mit Fadenheftung // Umschlag vierfarbig // 112 Seiten 109 Zeichnungen // 80 Notenbeispiele //** 15,30 EUR **// ISBN 3-7911-0212-5**

**Schaffner, Karin**
Auf deinem Rücken tut sich was ...
Rückenwahrnehmungsspiele für Kinder im Alter von zwei bis acht Jahren
**2. Auflage // Format 16,5 x 23,5 cm // Broschur mit Klebebindung // Umschlag vierfarbig 52 Seiten // 80 Abbildungen // 5 Notenbeispiele //** 8,80 EUR **// ISBN 3-7911-0237-0**

**Riz, Elburg**
Komm ins Mutter-und-Kind-Turnen
51 praktische Übungseinheiten
**3. Auflage // Format 21 x 20 cm // Broschur mit Fadenheftung // Umschlag dreifarbig 84 Seiten // 240 Zeichnungen //** 13,80 EUR **// ISBN 3-7911-0204-4**

**Lütgeharm, Rudi // Herold, Wolfram**
Turnen, Leichtathletik und Spiel in der Grundschule
Unterrichtshilfen mit 40 Stundenbildern für Jungen und Mädchen im Alter von sechs bis zehn Jahren
**4. Auflage // Format 21 x 14,8 cm // Broschur // Umschlag zweifarbig // 192 Seiten 43 Zeichnungen und 52 Skizzen //** 16,30 EUR **// ISBN 3-7911-0202-8**

**Lütgeharm, Rudi**
Besser lernen in einer „bewegungsfreudigen Schule"
Praktische Hilfen für den Schulalltag
**Format 21 x 20 cm // Broschur mit Fadenheftung // Umschlag vierfarbig // 84 Seiten 149 Zeichnungen //** 10,30 EUR **// ISBN 3-7911-0226-5**

**Schaffner, Karin**
Bewegen, Spielen und Tanzen für Kinder von drei bis acht Jahren
**5. Auflage // Format 21 x 20 cm // Broschur mit Fadenheftung // Umschlag dreifarbig 178 Seiten // 424 Zeichnungen //** 20,80 EUR **// ISBN 3-7911-0238-9**

**Butte, Alexander**
Bewegungskünste und Zirkus in Schule und Verein
Akrobatik · Jonglage · Balancehalten mit Leiter, Lauftrommel, Rollbrett, Kugel und Einrad · Bewegungstheater
**Format 21 x 20 cm // Broschur mit Fadenheftung // Umschlag vierfarbig // 108 Seiten 222 Fotos und Skizzen //** 15,30 EUR **// ISBN 3-7911-0207-9**

**Riz, Elburg**
Vielseitiges Kinderturnen
60 praktische Übungseinheiten für die Grundschule
**7. Auflage // Format 21 x 20 cm // Broschur mit Fadenheftung // Umschlag dreifarbig 106 Seiten // 288 Zeichnungen //** 15,30 EUR **// ISBN 3-7911-0194-3**